向死而生

我修的死亡学分

李开复◎著

邓美玲◎采访整理

中信出版集团·CHINA**CITIC**PRESS·北京

图书在版编目（CIP）数据

向死而生：我修的死亡学分 / 李开复著；—北京：中信出版社，2015.7（2017. 2 重印）
ISBN 978–7–5086–5284–9
I.①向… II.①李… III.①李开复－自传 IV.①K825.38
中国版本图书馆 CIP 数据核字（2015）第 126344 号

向死而生：我修的死亡学分

著　　者：李开复
策划推广：中信出版社（China CITIC Press）
出版发行：中信出版集团股份有限公司
　　　　　（北京市朝阳区惠新东街甲 4 号富盛大厦 2 座　邮编　100029）
　　　　　（CITIC Publishing Group）
承 印 者：北京通州皇家印刷厂

开　　本：787mm×1092mm　1/16　　　　印　　张：16　　　　字　　数：150 千字
版　　次：2015 年 7 月第 1 版　　　　　印　　次：2017 年 2 月第18次印刷
广告经营许可证：京朝工商广字第 8087 号
书　　号：ISBN 978–7–5086–5284–9 / K · 460
定　　价：42.00 元

2009 年创新工场创办之初，我们基于对开复的认可，成为这家模式创新机构的最早投资方。创新工场本身也是创业公司，他们在帮助创业者的过程里一直在用业绩证明自己的价值。两年前，我在戈壁上与开复一起看望联想之星和创新工场的创业者们，我们还特别聊到健康的重要性。不幸的是，不久后我就看到开复罹患淋巴癌的消息。当时，我自己的身体也出现了一些状况需要治疗休养。期间，我打电话问候他的治疗和康复情况，作为病友彼此在两岸打气支持。

　　他能把在大企业中积累的方方面面的经验毫无保留地传授给创业者，始终对创新充满激情，这都让我对他心生敬佩。

　　今天，看到他的癌症治疗很有成效，又把心路历程和反思反省整理成文字分享给读者，相信不仅会对所有人的健康生活有所启发，对创业创新的年轻人更是一种如何面对坎坷的激励。

——柳传志

和开复的友谊已经超过 20 年，我们一路走来，彼此认同。他积极、严谨和奋进的专业形象一直让人尊重。但或许正是这种长期压力状态给他的身体埋下了病患的种子。得知他患癌的噩耗，我立刻建议转诊台大医院。如我们所期望的，淋巴癌并没能击垮他，他用自己的乐观和坚毅面对了一切。而且，在治疗期间，公司业绩并未受到太大影响，这也彰显出开复的领导力和管理力。鸿海集团在 2009 年有幸参与投资了创新工场，也由此见证了中国创业者的一段关键历程。我欣喜地看到：创新工场在成功帮助一批优秀创业者的同时，不断提升自己的公司业绩。创新工场开启了移动互联网的创业时代，已经成为新时代创业者的乐土。

——郭台铭

目录

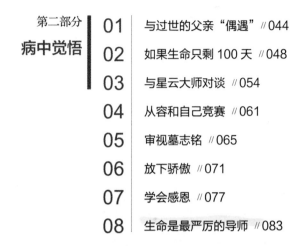
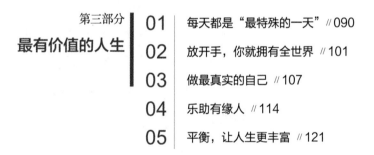
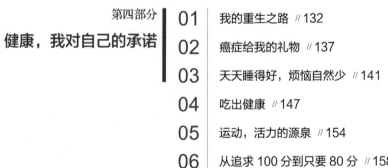

未来自己主宰

任志强

我是在手机上阅读开复的新书草稿的。满满的一锅"鸡汤"让人真是
"醉"了。我们都是生活中有过各种复杂经历的人，每个人都因经历的不
同，而对生的意义理解不同。也因此有了相似的感觉。

每当人们面对艰难困苦的环境时，通常对人生道路的认识会更深刻。
如果是一帆风顺，所有的获得都太容易，反而对这些成果不会太珍惜，也
不会对生命的意义有更深的挖掘。人生的道路其实是一段不断探索的过
程，每前进一步都会更加努力地追求。

人生中常被问到"我是谁"、"从哪里来"、"到哪里去"，其实就是认
识自己，认识客观世界，寻找人生目的的过程，永远没有终点。

许多人常常在抱怨自己的命运，抱怨学习与生活的环境，抱怨自己没
有获得成功，没有荣誉，缺少财富，因而抱怨整个社会的不公平。其实他
们最缺少的正是对自我的理解和对人生未来的追求。这个世界没有人可以
帮你，真正要面对一切困难的是你自己。如果自己都对未来失去了基本的
信任和努力，那你又怎么会有未来呢？

有些人曾问我："面对问题时，你没有压力吗？"我说有，但这个压力并不太大，因为我曾经被不公地关进了监狱。面对的是"牢狱之灾"，也有狱友称之为面对人生政治上的"死亡"。

但我靠对自己的信任，顽强地渡过了这一关，坦然面对了各种考验。没有被监狱的生活摧毁我的意志。

如果一个人能承担起这种面对"死亡"的考验，那么任何其他的压力，就都变得没有那么沉重了。俗话说，有"大不了一死"的决心时，困难就不再是一座高高的大山，就变成了你阅读人生中的又一道美景。

为什么我会被开复的"鸡汤"深深吸引，并一口气读完，以至于眼睛都变得涩涩的，分不清是累的，还是被感动的。正因为我与开复有着类似的"死亡"经历。

不同的是，我最多是"政治"上的"死亡"，永远会背上"犯罪分子"的招牌。但开复面对的是身体上的死亡。面对人的生命的结束，这比我面对的"死亡"更沉重了许多倍。因此开复对生命和生活的认识，也比我更深了一层。

真正考验一个人对生命和对人生道路认识的，正是如何面对"死亡"。从当你知道这一消息或说可能时，这个世界就好像发生了翻天覆地的变化。这时最容易被击碎的是自己对未来充满希望的梦和那颗对未来充满爱但却无比脆弱的心。如果当事人自己先失去了勇敢面对并拼命努力争取的顽强意志，那么"死亡"很快就会变成现实。

许多人也勇敢面对和做出了许多努力。他们也许并没有成功。但他们会心安理得地说至少我们曾经努力了。但如果你没有去努力，那么你就永远没有成功的机会。开复也许是所有人中的幸运者。但更重要的不是开复是否会因身体的变化而病情反复，重要的是开复活出了自己精彩的一生。

病魔没有让开复屈服，开复反而在战胜病魔的一年中，看到了人生平时无法看到和体会到的哲理。对生命的意义有了更多的认识，反而在珍惜生命的最后一刻，找回了许多过去因工作太忙而忽略了的生活乐趣，重温了朋友、亲人与社会共同关注的生命中的爱，也有缘重新拥抱了整个世界。

社会中总有一些人会用另类的眼光看待事物，总有人会对开复的康复表示祝贺，也有人会将开复的病情当作一种炒作。但读完这本书之后，你一定会对人生的意义有不同的理解。

就像开复书中所说的，每个人都应有自己对生活的追求，不要只会跟在别人的后面走同样的路，重要的恰恰在于要展现自己的性格，走出与众不同的道路，活出属于自己的生活，却并非要在墓志铭上留下些什么。"人生有追而无求"常常是在经历了许多之后才被发现与认识到的。

尤其是年轻人和创业者们更可以从上一代的失败和对生命的感悟中，找到属于你们的人生未来。

意外的假期

李开复

我从没想过自己竟会出版一本这样的书。一直以来，我笃信且奉行不辍的人生信念是：做最好的自己、世界因你不同！我总是鞭策自己追求最有价值的人生，每时每刻都得好好善用，要让自己有限的生命发挥最大的效益。

在癌症降临之前，我的事业成就可谓一帆风顺。二十六岁时，博士论文就得到《纽约时报》半版报道，被全美计算机科学排名第一的卡内基·梅隆大学破格授予教职；之后投效苹果、微软及谷歌这三大引领世界科技的公司，都快速得到拔擢，担任华人最高层的职务；我还曾获选美国《时代杂志》年度百大风云人物；2009 年，我更决心自己创业，意气风发地创办创新工场；在中国，我有数千万的微博粉丝，是许多年轻人愿意追随的"青年导师"……数十年来，尽管劳碌繁忙，每天工作十五六个小时，但我其实志得意满，毕竟自己想做的事多半都能实践，眼前还有无尽的前程，等待我去开拓。

我始终奋斗不懈，在人生的路上，学到了很多，也得到了很多，但显然我学得还不够，生命还想教我更多的功课。

在五十二岁生日前不久，我被医生宣判得了第四期淋巴癌。身体在我多年来的摧残之后，发出最严正的抗议，要我正视它的存在；在毫无防备下，我战栗地感受到死神和自己离得那么近；和癌细胞交手的诊治过程备受痛苦，让我仿佛从云端瞬间坠落，刹那间，不知身在何处，渺小且无助。

我终于放下热爱的工作，回到台湾接受治疗，被迫补修死亡学分。这段不在我人生计划里的"假期"，意外让我的生命有了深刻的回旋，除了我的身体有待修补，没想到，我的心灵也神奇般地得到滋养。这是这本书之所以面世的原因。

我想告诉大家我在病中的体悟，这段时间我深刻感受到身心的痛苦及家人无尽的爱，让我懂得分辨真正有意义、值得我奋力去追求的是什么。这段意外之旅还让我看到自己过往的盲点，我所追求的"做最好的自己、世界因你不同"，本质上并没有错，但是多年来，名利的浮涨让我不知不觉间偏离了轴心，以致迷眩其中，付出了沉重的代价而不自知。这场生死大病开启了我的智慧，我依旧会尽力投身工作，让世界更好；但我更真切地知道，生命该怎么过才是最圆满的。

特别想感谢台大唐季禄医生、李启诚医生高明的医术，让我顺利通过身体的考验，得有重生的契机；感谢永龄基金会陈基宏医生、郑慧正医生、唐招君小姐耐心的指点、分析和帮助；感谢郭台铭先生对于血液肿瘤研究的无私捐赠和有如兄长般的关怀；感谢这段时间相遇的新旧台湾朋友，给我打开另一扇窗，看到生命其他的可能；感谢无数大陆朋友不远千里来探病，并通过网络传达许多爱心和鼓励；更感谢我的母亲、妻女及兄姐，给我无限亲情的温暖，让这个原本沉重而煎熬的假期，变得可以承受，甚至让我不时充满了幸福感。

　　本书的抒写也是疗愈及思考沉淀的很好途径。谢谢邓美玲、许耀云及陈宣妙协助让这本书得以诞生，因而能和大家分享我最真实的生命体验，企盼读者从中有所收获，无须补修死亡学分，就能明白什么是自己最该追寻的，能够自我实现，拥有理想的人生。

噩耗

"哇!"穿着白大褂的检验医师喊出声来。我被他吓了一跳,连忙转过头去看他,只见他瘫在椅子上,整个身子靠在椅背上。"怎么啦!很糟是吗?"我试探性地问。他脸色发白、猛摇头,就是不肯开口。

经过我再三追问,他才勉强开口:"这太不寻常了!一般人如果有毛病,顶多两三个亮点,你居然……"

"有几个?"我也很紧张。

他指着屏幕:"你自己看!"我茫然地看着电脑屏幕,只见二十几个红彤彤的火球,在我的腹部燃烧。

霎时间,尽管还没确诊,已让我从云端重重地摔了下来,再怎么冷静自持,心头的震撼也难以言喻。我仿佛看见自己那美好的经历与前程,瞬时像碎纸片一样飘落……检验医师一言不发,更让我觉得大事不妙。我恐慌地忖度着,电脑屏幕上的亮点是否正在告诉我:你肚子里长了数十颗"肿瘤",现在你已是个濒临死亡的癌症晚期病人!

想到自己可能的病情,想到死神竟这么近距离地逼来,心里忽然涌起一股莫名的愤怒:我一生勤勤恳恳、兢兢业业,从来没做过亏心事,这种绝症怎么会发生在我身上？我不接受这种判决！

绝望中，一向乐观的我忍不住冒出一丝卑微的盼望，自我安慰道：或许那片子不是从自己肚子里照出来的，而是医生拿错了数据；明早一觉醒来，或许会发现："原来是自己吓自己的一场噩梦！"

从病房高楼隔着玻璃窗向外望去，外面的世界依然忙碌，阳光灿烂，但我完全感觉不到一丝温暖，只觉得好冷！

窒 （李德亭摄）

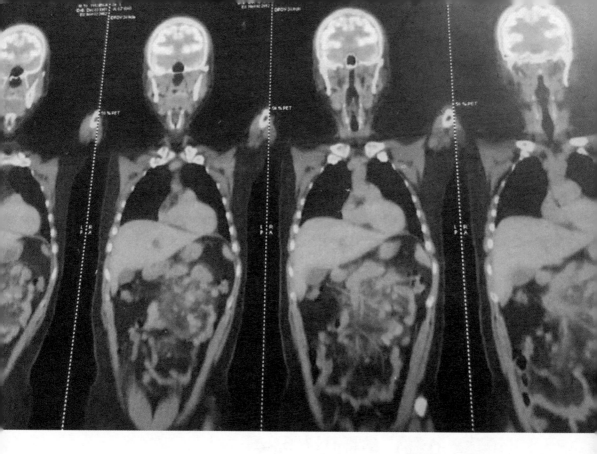

第一部分

与死亡交手

01

末日悄然来临

根据"玛雅预言",2012 年 12 月 21 日,地球将降临浩劫,迎来末日。

尽管末日传说满天飞,我原本紧凑的行程却丝毫不受影响。我一如往常般意气风发地推动各项工作。更特别抽出几天时间,陪着放假中的小女儿德亭到欧洲旅行,让平日忙于公务、无暇关心她的我,可以和她多相处几天,稍稍弥补做父亲的歉疚。

我们走过几个阳光炙热的法国南方城市;也在人潮拥挤的意大利威尼斯悠闲逛街、享受美食。不管走到哪里,只要能上网,我就可以跟北京的同事,还有全球的投资人密切互动;我甚至还发了几条微博,持续关注国内外的最新动态。

穿梭威尼斯曲折水道的贡多拉小舟(李德亭摄)

晴天里的阴霾

　　下午，我和德亭在威尼斯下了贡多拉小舟，正在著名的Gelato Fantasy品尝意大利吉拉朵冰激凌，这时候太太先铃打来了电话。互问平安之后，她话锋一转，说起了好友的健康问题。"好可怕！张大姐昨天检查出来，说是肺腺癌第四期，医生说情况很不妙。"美景当前，我敷衍了两句便想打发她，哪料到先铃坚持让我赶紧找时间回来做检查："张大姐生活规律、饮食清淡，也没有家族病史，只是心血来潮去做一次健康检查，就发现是晚期了。太可怕了！"

　　"好啦！你别胡思乱想，我好得很！"

　　"我不管，你一定要找时间回来做检查。把电话交给女儿，我要跟她说话。"

　　我过了街，把电话交给小女儿，还跟她扮了一个鬼脸。德亭慧黠地一笑，接过电话就开始跟妈妈撒娇、谈天。

　　我坐在圣马可广场上，看着来自世界各地的游人，成群的鸽子飞起、落下，美丽的运河波光粼粼，闪闪发亮。啊！世界如此美好，我心里满足地喟叹着，完全没想到癌细胞正悄悄地攻占我的身体，在我身体内有个角

美丽的圣马可广场（李德亭摄）

佛罗伦萨桥 （李德亭摄）

落，正往腐朽衰败缓缓靠近。

　　旅程结束，我很快回到工作岗位，继续为理想的事业奋斗。先铃并没忘记时时盯着我回台湾做检查。只是我一拖再拖，数月之后，才终于在台北进行了健康检查。

　　我的初衷是想让太太安心，所以只是到太太娘家附近的医院做了一个标准流程的健康检查。当天的初步报告并未显示有太大问题，于是我飞回北京，照样兴致勃勃地卖力工作；但是，三周之后，一份详细的报告出炉，我的生活就像被投下一颗炸弹，起了翻天覆地的变化。

02

徘徊在地狱门前

"李先生，请尽快来做进一步的检查！"

收到医院通知的那天，我正和员工做团队建设（Team building）训练，虽然有些意外，但总觉得不是什么大事，还和大家玩游戏到凌晨三点才离开。要我立即赶回台北实在很难，我每天有一大堆排定的会议，当然不能临时取消，说走就走，因此，虽然医院让我赶紧再去复查，但我还是不情愿地拖了几天才回去。

刚开始，院方对于报告结果总是不肯完整地说清楚，只说可能是这样，也可能是那样，虽然我很清楚地表达了想要知道真相的态度，但医生一贯这样回答："现在还不能确定，我们再做个检查看看吧！"老实说，这时的我，心里还存有一丝侥幸。对，我就是睡得太少，吃得太油腻，谁不是这样的？说不定是检测仪器出了问题呢？还是医院一贯的敛财手法？我身体好得很呢！

漫长的检查历程

为了确认腹部的阴影是良性肿瘤还是恶性肿瘤，医生希望我做穿刺手术进一步检查。我问医生，为什么不干脆直接做PET（正电子成像检查）？医生告诉我，PET并不绝对，即使照出来没有肿瘤，也不能保证百分之百没有；但如果照出来有，大概就是有了。我想，还是赶快确定吧！免得一颗心老悬着，七上八下的。

在进出医院多次，却又搞不清楚状况之下，家人于是建议我转到另一家更有名的医院就医，只是这么一来，所有的检查又得从头再来。

足足两个多月的时间，我不断重复挂号、等待，游走于不同科室的医生诊室，一次又一次坐在候诊区，百无聊赖地等候许久才变换一次的就诊灯号。医生需要确保腹部的肿瘤不是转移的结果，需把全身可能是病灶的源头都扫一遍，所以除了做过多次核磁共振、全身的CT（电子计算机断层扫描），连胃镜、肠镜也做了。

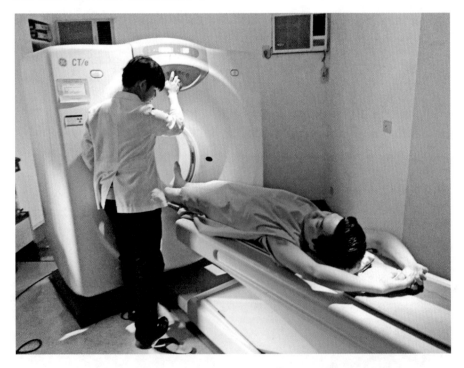

连番做了各项检查，终于准备做正电子成像检查以确认是否有肿瘤

图片来源：纪录片筑梦者之李开复——《向死而生》

不管商场上再怎么叱咤风云，此时躺卧在诊疗床上的我，只能眼睁睁看着一根长长的摄影管从口腔或肛门，慢慢推入身体内部；我躺在那儿，一动也不敢动，心底充满无限的悲哀和恐惧。

我曾听人家说，中医把身体健康、无病无痛的人称为"平人"。健康状态保持平衡、可以平安度日，那是"平人"；健康失衡，平顺的日子开始要起风波了，生死未卜、前路茫茫，那就是病人。

我努力正面思考，自我催眠健康没问题，工作、微博还是如常地活跃着，但身体有恙的警报一直没有解除，一个又一个做检查、听报告的过程，更让一波波不安、烦躁的情绪涌上心头，让我渐渐失去了耐性，整日活在忧惧、愤怒之中。

我是真的生病了吗？不！我还有这么多要做的事，我死了，我的家人怎么办？公司怎么办？我不能死！老天爷不会这么愚蠢！

从未把健康放在心上、一向以追求最大成就自许的我，此刻才明白，现在的自己就连做一个简简单单的"平人"都很难，遑论其他！

偶遇热情粉丝

连番做了各种检查之后，医生终于要我做PET检查。我滑着手机，枯坐在医院的等候区，偶尔抬头看看，只见身旁经过三三两两的人，每个人的脸上都带着凄惶的神色。不知道我是不是也这样？只觉得医院的冷气似乎开得太强了，难道是我穿得太少了？我拉紧衣服，设法让自己暖和一点儿。

这时，一位陌生的年轻医生朝我走来，我的目光迎向他。是来叫我的吗？结果不是。他脸上堆满笑容，热切地向我伸出双手："开复老师！您好！我是您的粉丝。"

　　我好一会儿才回过神儿，赶紧站起来："不敢不敢！你在这儿工作吗？"

　　"我刚升任住院医师。听说你今天会来做检查，特意转过来看看，没想到真的遇到你了。"他看起来很年轻，像个大男孩儿。不知道是谁说的，有一天，当你发现你的医生看起来都很年轻，就表示你已经老了。想到这里，我心里暗暗叹了口气。

　　"你的书我都读过了！真的谢谢你，给了我很多帮助……"过去我常常遇到陌生人这样对我说，但在医院，在我正软弱无助的时候，这还是头一回。不知道为什么，一股暖流从胸口涌上来，哽在我的喉咙里。

　　"我从你的书里找到了自己的方向。本来，我很迷惘。我会选择当医生并不是出于个人意愿，只是因为学习成绩好，整个家族都希望我当医生……"年轻的医生轻轻说着自己的故事。

　　这种故事很多，尤其在台湾，最优秀的高中毕业生，不论是否真的热爱医疗行业，很多人都把医学院当成填报的第一志愿。我不知道我的书是怎样帮助了他，不过，在我自己也对生命感到彷徨的时候，知道自己过去所做的事在无形中确实影响了许多人，我的心，又踏实了！

　　"李开复先生，李开复先生在吗？"一位护理师站在走廊上喊道。我站起来，跟年轻医生握握手，真诚地说："谢谢你！希望你工作愉快！"

　　他向我挥挥手，我转身走进PET检查室。

03

26 个肿瘤

按照流程，做完了正电子成像检查，必须等一个星期再找主治医师就诊，那时才能知道结果。想到还要再忍受一个星期状况不明的折磨，我的心开始焦虑不安起来……

我鼓起勇气，走到负责操作仪器的医师身边，开口说："不好意思！我想……"

他停下鼠标，转头看了我一眼。"什么事？"

"我想，可不可以麻烦您先告诉我，刚刚的检查，有没有发现什么？"

"这我不能说，我不是专业医生，我没有这个权限！"他的语气很重，把我好不容易才凝聚起来的意图打成碎片。我本想算了，但很快又鼓起勇气说："我知道！可是，你看我接下来的一周还能工作吗？我保证，即使你看错了，我也不会怪你！更不会让医生知道……"我几乎是在哀求他。

"真的不行啦！"他干脆接着做自己的工作，看都不看我一眼。

"拜托，拜托！真的拜托！"我决心赖到底，不管怎样都不放弃。

他看拗不过我，叹了一口气说："我真的没有权限让病人知道检查结果……这样好了，你自己看，正电子成像检查本来就不需要特别的技术，一般像你这样的人也能看得懂。你只要看画面上有多少亮点就可以。"他

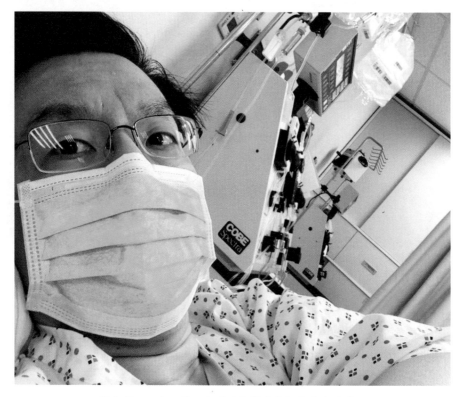

褪去光环，我只是一个呼吸之间就会顿失所有的病人

边说边取走我的健保卡，熟练地打开我的档案……

我赶紧上前，一起瞪着他面前那块小小的电脑屏幕。

"哇！"检验医师不知怎的，满脸诧异。经过我再三追问，他才勉强开口："这太不寻常了！一般人如果有毛病，顶多两三个亮点，你居然……你自己看！"

我茫然地看着电脑屏幕，只见二十几个红彤彤的火球，在我的腹部燃烧。

我在凄惶中走出医院，心情跌至谷底。脑海中闪过一个又一个念头，除了再找良医确诊，我忽然悲伤又理智地想到，如果我的生命所剩无多，现在该做好哪些准备？

预立遗嘱

第二天，我当机立断，决定做最坏的打算，为了先铃和孩子，无论如何我都得把遗嘱准备好。我从律师那里领回一叠表格。律师花了几个钟头仔细说明遗嘱的类别，以及填写表格的注意事项。我一向自诩条理分明、不怕填表，可是依照台湾地区继承制度的有关规定，立遗嘱所需要处理的表格，还真是烦人。

我把那些表格锁在抽屉里，几次拿出来看一看，又扔回去。心里闷闷的，像是憋着一团火，随时可能爆裂。

在死亡面前跟法律打交道，这真是极为吊诡的一件事！死亡何其伤感，法律又是何其冷酷、无情。我独坐桌前，把遗嘱需要的文件摊了一桌子，一边深陷在生命即将走到绝境的悲哀里，一边又得极度理智而冷静地仔细思索身后事该怎么安排。

一份正式的遗嘱，必须严谨、周密地做好全盘考虑。律师告诉我，我的遗嘱必须考虑如下几个方面。第一，假如我死了，我的遗产要如何分配给妻子和两个女儿？第二，假如妻子和我同时死了，遗产如何分配？第三，假如我和妻子、一个女儿不幸

在死亡的威胁下，还得冷静、周密地思考身后事，矛盾讽刺之至　图片来源：纪录片《向死而生》

同时死亡，财产如何分配？第四，假如太太与两个女儿和我不幸同时死亡，又该如何分配？

天哪！想到这些可能，我不寒而栗！然而，人间世事之荒谬，就在于你明知道它是荒谬的，可是又非做不可。我拿起笔，开始一个字一个字地写下我的遗嘱。

依照规定，这一式四份的遗嘱，总共二十四页，还必须是本人手写才有法律效力。我自十一岁离乡赴美，就很少有机会手写中文，即便后来在中国工作，中文用得多了，也都是用电脑键盘敲出来的。这回为了写遗嘱，我必须工工整整、一个字一个字地亲自抄写，每个地方的姓名、地址、电话、身份证号码等，更不能有一字修改、涂写，一处有错便要全部重来。

律师把一叠厚厚的文件交给我时，意味深长地说了一句："李先生，你慢慢写，不着急！"

然而，只要一想到自己时日不多，心里就惊慌得不得了，让我还怎么慢慢写？我边写边抱怨："这不是折磨人嘛！我现在还有体力慢慢写，要是已经病入膏肓，谁还有力气写这东西啊？"

不知道其他人是怎么面对这种抄写工作的。一个健康的人写起来可能不那么辛苦，而我在身心俱疲的情况下勉力而为，还要按捺住时不时冒出来的烦躁、气闷："我才五十出头，人生就要结束了？"才写到第二份，就已重誊了几十次，真是痛苦不堪！想着先铃、孩子，勉为其难地整整费了一天半时间，终于完成了这个苦差事。

怀着惆怅不安的心情，我回到家，面对妻子、家人关切的询问，只是支吾其词，含糊以对。以后都过得很不好，思绪不宁，睡眠质量也更糟了。

04

未知死，焉知生

一星期后，终于到了复诊看报告、正式聆听宣判的时候。医生看了我的PET检查结果，甚至不敢直视我的眼睛，告诉我实情。他安慰我，PET检查结果未必百分之百准确，他也不是癌症专科医生，腹部照出来的二十几个亮点，不一定是恶性肿瘤，仍有可能是炎症。这时，我的心情勉强止跌回稳，在密云不雨当中，看到一丝丝希望。

可是，当我再问："如果不是炎症，而是肿瘤，那会是什么状况？"

医生摇摇头，顿了顿，才慢腾腾地说："现在过于悲观或过于乐观都不好，我看我们还是按照程序一步一步来，先去做个腹部穿刺，看看这些东西到底是什么。"

满怀希望却被浇了一头冷水，有点儿泄气。但没过一会儿，我再度提醒自己，癌症患者最需要的就是信心和勇气，过去不管遇到什么困难，我都能迎刃而解，这一回，无论如何我都要相信身体可以陪我挺过这一关。

可是，等到做腹部穿刺检查时，我的信心马上又溃散了一地，简直无法收拾。他们先给我看一根大约30厘米长的针，告诉我要先用一根中空的针管插到腹部定位，再向针管里插入一根细针，去抽取肿瘤里的细胞组织。因为我的肿瘤都长在肠系膜里，肿瘤是软的，包裹着它的肠系膜也是软的，里面还有很多液体，针管一戳它就会移动，需要先照CT定位。此外，做穿刺时我还必须保持不动，不然就有可能会戳到别的地方，功亏一篑。

尽管打了局部麻醉，但眼睁睁看着一根长针慢慢扎进肚子里，那种心理冲击还真是恐怖，况且我前前后后总共做了二十几次，医生累得满头大汗，我也被搞得精疲力竭。

过去我一直以为，我的信心是很坚定的，我也不断提醒年轻朋友，信心坚定是多么重要！我从来都不知道，当身体受到病痛的威胁和折磨时，过去用理性头脑堆积起来的信心完全帮不上忙！我只想逃，或者闭上眼睛试图闪躲，甚至也会呼天喊地，大声哀叫。后来不知道在哪本书上看到，这种出于身体的本能反应，其实是生命的自我防御系统。只是我习惯用意志力控制一切，病中才发现，身体对疼痛的反应竟然有我无法控制的时候。那么，生命里是否还有更多的神秘领域，也是我无法探知、无法控制的呢？我也感到茫然了。

与死亡讨价还价

夜晚，我躺在床上辗转难眠，思绪漫飞。一会儿想到我不得不暂停的工作，一会儿又想到创新工场满怀壮志为创业者付出的同事……想想才隔多久，我的世界已经完全不一样了。我仿佛被禁闭在一间玻璃屋里，虽然可以看到、听到外面的世界，但那个活色生香的世界已经完全不属于我。

想到母亲与家人，我为自己亏欠他们太多而感到难过。我的母亲已经九十几岁高龄，我是她老来得子的幺儿，她一向把我捧在手心里，可是我自十一岁到美国当小留学生，及至少壮之龄工作、创业，除了短暂的假期能回家陪陪她，大部分时候都是远走他乡，让她年年为我倚门而望……黑

和母亲相处的时光永远令人难忘

暗之中，我禁不住悲从中来。

生死哲学大师伊丽莎白·库伯勒·罗斯指出，人在面对疾病、死亡、悲伤等重大失落时，会产生"五个阶段"的心理反应——否认、愤怒、讨价还价、沮丧和接受。

在确诊淋巴癌之前，我的心情分分秒秒就在前面那几个阶段翻腾。我痛责老天、天天上网笔战结仇，借着针砭时弊宣泄自己无所适从的惶恐和愤怒。

我到底犯了什么错？我一次又一次在脑海里反复搜索答案。

是北京的雾霾吗？是微软官司期间我的心理压力太大？还是我长期过于讲究时间效率造成的精神紧张？或者，是我从小就争强好胜的个性导致细胞不安？

那二十多个淋巴肿瘤，吸足了化验试剂里的糖分，宛如闪闪发光的小

祈求上苍再给我一次机会　图片来源：纪录片《向死而生》

鸡蛋，在我的脑海里挥之不去。我的心情跌至谷底，久久不能平复。

等到我不得不承认，是自己过去没日没夜地拼搏，把身体拖进了恶疾的深渊，我开始一次又一次地跟神明讨价还价，不断向上帝、菩萨、诸神祈求："拜托再给我一次机会，只要让这场病赶快过去，我一定痛改前非，尽力弥补……"我虔诚地祈求上苍，只要让我躲开癌症，我绝对早睡早起，改过向上。若是真的躲不了，也请让我的病情减轻些，给我机会重返生活，弥补过去的缺憾，包括对母亲、妻子和两个女儿的亏欠。

对于死亡，我完全没做好准备。我还有雄心壮志，还有很多梦想没有完成，我求生的意志无比强烈，只要有一丝存活下来的希望，我绝不放弃。只是，真的能闯过这一关吗？我一点儿把握也没有。

05

确诊

做穿刺检查的前一天，我参加了一个宴会，席间，高希均教授首先发现我变瘦了，接着，郭台铭先生特地把我拉到角落，不但仔细询问我的状况，还郑重告诫我："开复啊！自己的健康千万不能大意！这样吧！当年为了救我弟弟，我和台湾最优秀的血液肿瘤科专家都成为朋友了，我来安排，你马上去找他们。"他一边说，一边拨通了电话。

在他的协助下，我转诊到台大医院，由顶尖医疗团队为我治疗。很快，我做了腹腔镜手术，医生从肚子里取出一大块肿瘤样本，再做组织培养。两天后，诊断报告就出来了。

生病时最瘦的照片

身体里的隐形炸弹

"李先生，我们确定是淋巴癌第四期！"主治医师唐季禄轻轻地说，仿佛语气稍稍重一点儿，就会把我压垮似的！其他三位医生个个面色凝重地围坐在我旁边，但没有一个人是看着我的。我的目光只能落在主治医师脸上，他试图躲开，迅速低下头，但又不得不抬起头来迎向我。

"怎么可能！我没有感到任何不适呀！"尽管心里早知不妙，但我还是和医生抗议着。虽然我的腹部有二十几个淋巴肿瘤，但除了长期睡眠不足，淋巴癌的几个主要症状如失眠、盗汗、皮肤瘙痒、发烧、有明显可触及的肿块……我一个也没有呀？

"是是是！确实是这样！你的状况是有点儿特殊，我们把你的病例送到美国与几位专家交流过，你的癌细胞全部集中在下腹腔，并没有扩散到横隔膜以上，骨髓也没有感染，但肿瘤的数量实在太多了，严格说来，还是要归类为第四期！"

创新工场的工作价值，是我工作生涯中最向往的

"您的意思是……"我的心绷得紧紧的，脑子里一片混乱。

"其实也不用太紧张，淋巴癌第四期与肺癌、肝癌四期不完全一样，不见得就是晚期癌症，治愈的希望还是很大的……"唐医生赶紧安慰我。

这时候，前一家医院的检查报告也出来了。诊断结果都一样：滤泡性淋巴癌，都分析是第四期！医生同时告诉我，淋巴癌是无法治愈的疾病，一辈子都会潜伏在我的体内。这就像身上总背着一个未爆弹，与我形影不离；只要我一不留心、稍稍逾越了它能忍受的界限，它就会把我彻底摧毁。

我正处在人生最好的时候，我身上还带着经历过苹果（Apple）、微软（Microsoft）和谷歌（Google）打磨过的光环；我婉拒了谷歌以优渥的条件挽留我，踌躇满志地自己出面筹组创新工场，希望能帮助有才华、有创意的年轻人开创事业；各界对我投以高度的关注，投资人对我信赖有加，许多令人叹赏的优秀人才愿意跟我一起努力……我在微博拥有五千多万粉丝，影响力与日俱增……一切一切，几乎可以算得上是完美无缺了，可是，老天却在此时给了我狠狠的一击！

之前，我始终存有一丝幻想与期待，在医生还没有确诊病情前，我一直没把可能是淋巴癌第四期的消息告诉任何人，尤其不知道该怎么跟先铃说。她自二十二岁与我共组家庭，就一心一意地把全部精力都投在我们一手建立起来的家。我和孩子就是她的全部世界，假如我真有个三长两短，她怎么办？孩子怎么办？一想到这里，我的心都碎了！男儿有泪不轻弹，人生到此，我禁不住流下两行热泪……

06

彷徨歧路

以往的日子使我养成了这样的习惯，专业人士不能在众人面前表现出一丝情绪波动。我时时提醒自己，保持专业、完美的形象，行程紧凑，既没有时间也舍不得抽出时间运动，任何时刻都要发挥最大效益。

我一直笃信"付出总有回报"，出差的时候吩咐秘书尽量选夜间航班，下了飞机可以立即洽谈公事。我承诺所有员工，收到邮件十分钟内一定回信，大半夜也一样！在我生病前，床头的笔记本电脑是从不关机的，电子邮件送达的声音一响，我立刻从床上弹起来……努力把"效率第一，永不懈怠"作为自己的标签。

平日饮食更称不上健康，贪图膏粱厚味，问到餐厅的拿手"肉"，我如数家珍，真要上点儿蔬菜，那就"随

陈文茜抓抓我的头发，确实不是假发

便来吧，反正都好吃不到哪里去，当药一样吃就好了"。最后，我为这一切付出了沉重的代价。正如好友陈文茜在我康复后笑我道："你引以为傲的效率，最后都变成肚子里亮晶晶的肿瘤啦！"

多管齐下，奋力自救

当被医生判定，我是"淋巴癌第四期，腹部有二十几个肿瘤，情况不乐观……"时，我尽管悲愁莫名，但也决心全力一搏！因而，我尽一切努力，想要找出可能救命的方法，不论哪一种，只要能救命，我都愿意尝试！尝试的第一种方法就是中医。

中医可以找出疾病的生理成因，更高明的地方是中医还能"不治已病，治未病"。可是我已经病成这样，要调整全身脏腑的阴阳平衡，也不是一时半刻可以做到的；何况像我这样的凡夫俗胎，这种治病方法缓不济急，也没有具体路径可以依循，只求中西医并治，多管齐下，早日康复。

于是通过朋友的辗转介绍，寻访到一位名医，据闻他诊治的病人不乏达官贵人。中医大夫为我把脉之后认为，体内确实有肿瘤，只是无法分辨恶性和良性，但从脉象来看，应该没事儿。所以他只给我开了些发散化瘀的药，如果是良性肿瘤，慢慢就可以化掉了。

这值得一试啊！死马当活马医。我赶紧抓了好几服药，乖乖在家煎药、吃药。有一天，主治医师唐医生看过我的各项检查报告后，不经意地问了一句："你是不是还在吃其他营养品或是中草药？"

"怎么了？"我还犹豫着要不要主动提出来跟医生讨论。

"目前还没看到什么，不过，李先生，我一定要提醒你，因为中药的成分比较复杂，有很多无法测知的成分，为了让整个治疗过程在可监测、控制的状态下进行，我强烈建议你在治疗期间不要服用中药。"他的态度温和，可是语气强硬，跟他平时不太一样。

我忍不住反问唐医生："可是身体本来就没办法完全监控啊！谁知道中药能不能促进身体产生一些无法测知的转机，然后好得更快？"

"话是没错，如果病情好转，那当然值得恭喜。问题是，我们最怕中药产生的反应是我们看不懂，也无法处理的，那就会干扰整个治疗过程。万一有错误，那就麻烦了。"看得出来，医生常需要向病人解释这个问题。这个说法我也能接受，仔细想想，也好，那就暂停中药吧！只是想到当初花了那么大工夫才挂到号，心中不免有点遗憾。

不吃药，食补总可以吧！

我还找过另一位中医大夫，他的理论是：所有的人体质都太寒，我会生病跟这脱不了干系。他的医治方式就是通过喝姜水改善体质；等体质变好了，再吃药治病。做菜用姜可以增香添色，可是五斤生姜煮水，不仅辛辣难以入口，而且味道很难闻。我勉强捏着鼻子喝完一天的分量，就发誓再也不喝了！

五花八门的另类疗法

除了中医，我也试了几种另类疗法。朋友介绍给我一种能量疗法，不用打针吃药，又能搭配中西医治疗，不仅不会产生阻抗，还可以强化疗效。

在气氛舒适、怡人的诊疗间，医生先是测量了我全身的气脉，看看我的能量品质。得出的结论是我全身器官的能量明显不足，尤其以肠道和淋巴为甚。

听到这里，我心一沉，马上问："那怎么办？有方法改善吗？"

医生微笑着点头说："当然有办法，但要看你对我们有没有信心。信心很重要。"

"那不就跟安慰剂一样吗？"我想也没想就脱口而出。

"当然不一样。我们采用的疗法是利用某种信息能量来治病，它是确实有疗效的。如果病人没有信心，就不能与这种能量产生和谐共振，效果当然大打折扣。"

测完了气脉能量，接着又开始检测有无负能量污染，包括电磁波、重金属或是病菌感染，结论比西医的检查报告更令人沮丧。我身上确实中了很多毒，除了雾霾、电脑和电磁波的污染，以及睡眠品质不佳，甚至还有负面情绪的污染。

花了大半天时间，我最后领到一张长长的清单，上面详列着还有许多隐而未发的毛病，包括我长期"不接地气"！这真令人匪夷所思。过去总以为"不接地气"是指某人不知民间疾苦、不了解基层情形；没想到"不接地气"还会让睡眠品质不佳。他们建议我使用一种特殊的床单，床单接

门头沟爬山

洛克鲁姆岛海岸 （李德亭摄）

上电线，然后拉一根长长的线插进窗外的土里，好让我接地气。

买了新床单回家，还千恩万谢地拜托大楼管理员帮忙，兴师动众地把管线接到大楼的中庭花园。头几个晚上确实睡得不错，连安眠药都停了，可是没过多久，又故态复萌。可能是我太焦虑病情，担心未来的治疗能否顺利。万一有个万一，怎么办……我的脑子里充斥着各种想法，要静下来睡个好觉，简直是奢望！

为了求得一线生机，我只能更努力地奋战下去，就算屡战屡败也绝不轻言放弃。所以，我又去做了肌肉测试（muscle-testing），这个方法正被广泛应用于各种身心疗法。测试人员准备了三张卡片，分别写着"转移"、"原位淋巴癌"和"发炎"，想帮我厘清问题。因为身体不会说谎，只要身体放松，大脑停止思考，身体就可以接通宇宙的信息，获得真实信息。

我自己对这个理论半信半疑，测出来的结果更是连测试人员都不知道该怎么解释，只好对我尴尬一笑："嗯……可能你的身体也不太确定那些肿瘤到底是怎么回事！"

除此之外，我还采用了"葛森疗法"，食用大量有机果蔬，我的二姐每天一早榨一杯新鲜果蔬汁专程送来。为了治病，我发挥平日工作的精神，拼命查资料，只要听说有抗癌的效果，我就买回来当药吃，大蒜、绿茶、白藜芦醇、胡萝卜素、维生素D、灵芝孢子粉、老梅膏、菠萝酵素、诺丽果、葡萄籽、蓝莓、蔓越莓、牛樟芝，各种各样五花八门的营养补品照单全收。

要不是生病，我还真不知道有这么多种疗法，而且各门各派看待身体和疾病的角度，也跟主流医学大相径庭。只是主流医学因为成功结合不断更新的科学技术，而且对疗程、疗效有清楚的界定，容易被认知，也容易被接受。尽管很多疗法都声称可以治疗癌症，但因为缺乏可信的数据，在面对死亡威胁的时候，大家还是选择相信主流医学，我也是如此。只是，我的状况并不乐观，即使接受化疗，存活率如何还很难说。彷徨歧路，四顾茫然，接下来该怎么办？我真的不知道。

07

自己研究病情

从发现到确诊，困在无知与未知的我，对自己的身体感到忧惧与无奈。在忍受漫无边际的痛苦煎熬时，我只求治疗过程赶快结束，可以赶快离开医院回家，睡在自己的床上。

我从小就是天之骄子，父母把我捧在手心，姐姐们也都宠溺着我；求学就业之路畅通无阻，生涯志业虽有些波折，也大抵平安顺遂，家庭生活更是幸福美满。如今，多少旧日荣光、美好灿烂的人生愿景，都像海上的浮沫般，瞬间被一阵大浪卷入海底。

一般人光听到"第四期淋巴癌"，就会被吓个半死。我刚开始也非常惊慌，自己上网一查，症状又符合第四期的判定，那些简略的说明资料，以偏概全的说法确实吓得我魂飞魄散，半条命都没了。幸好，我的主治医师唐季禄是台湾典型的医生精英，对病情的判断果断精准，说话逻辑清楚，又很愿意和病人及家属沟通，并且不断精进日新月异的抗癌方法，对我这样的"理工人"格外受用。（我多次说，台湾很多聪明的人都当了医生，在台湾就医不会错。）

那天下午，唐医生带着一群住院医师到我的病房里查看病情，其实，他们通常都很忙，查房时顶多能和病人聊个三五分钟，但为了让我安心，

难忘时刻不见得是要做很特别的事，重要的是和心爱的家人留下温馨甜美的难忘时刻

那天竟跟我闲聊了半个多小时！唐医生拍着我的肩膀，像是给我打气："淋巴癌第四期真的没那么严重，它跟肝癌、肺癌第四期是不太一样的。"我听了半信半疑，因为医生总是尽量安慰病人，希望减轻病人的心理压力。临走前他又告诉我，网络上有两篇专门讨论"滤泡性淋巴癌存活率的预估方式"的论文，如果我有兴趣，可以找出来看看。

我认真地研究了唐医生推荐的那些学术文章，发现淋巴癌四期的分期已经有四十多年了，可以说过时且不精准了。如果说只看标准的分类，我因为肿瘤数太多，所以必须归类为第四期。但是只看肿瘤数量是最准确的吗？根据我研究的那几篇论文，答案是："不！"其实分期的目的就是预测存活概率和时间。那么，最准确的预测方法就是寻找和我病情足够相似的人，根据他们的不同因素（如：年龄、症状、血液指数、肿瘤数量、大小等二十多种）和他们的实际存活结局来理解哪些因素是最重要的，并且把这些因素整合起来。这样的研究肯定要比四十多年前的粗分类来得准！

令人振奋的曙光

自己研究病情，就像是自己坐在副驾驶座，可以随时掌握路况。医生的治病策略、用药思维，你至少并不是茫然无知。《交锋》的作者之一凌志军在他的《重生手记》一书中曾写道："癌症病人只有三分之一是真的没救、病死的，另外三分之一是被吓死的。"但医生绝对不是故意吓你，只是有些医学上的说法，如果自己弄不清楚，就会自己吓自己。

我把全部二十几个特征与我的检查结果相对照，发现我虽然属于第四期，但整体状况其实没那么悲观。2009 年意大利摩德纳（Modena）大学的论文非常明确地证明，与滤泡性淋巴癌真正相关的重要因素为以下五点：

1. β_2-microglobulin（β_2-微球蛋白）过高

2. 有大于六厘米的肿瘤

3. 侵入骨髓

4. hemoglobin（血红蛋白）过低

5. 病人超过六十岁。

原来医学上对所有淋巴癌的分期，至少对我的病情分析是不正确的。我的情况是较轻的，于是，我突然从"第四期癌症顶多几个月"，变成"至少还有好几年"可以活。倘若好好照顾自己，更有可能终身不再复发！

这个发现有如一线曙光，让我在深夜辗转难眠的书桌前，兴奋得立即跳起来，把先铃吵醒！不过除了先铃，我还没有告诉任何人，包括我的医生。它仿佛是我跟身体之间的一个秘密许诺，是我穿过迂回的密道发现的身体密码。

奇妙的是，从此之后，癌症所带来的一切负面影响，就开始悄悄起了变化；或者说，至少它在我心里不再是一个万恶不赦、去之而后快的敌人，而是我之所以成为我的一个重要组成部分。

除了感谢唐医生高明的医术之外，还要感谢他知道我容易纠结于细节，愿意花时间悉心回答我的问题，照顾我的心理状况，并且指点我阅读相关医学报告，让我在茫茫歧路中看到了一线生机。自那一夜起，我仿佛吃了定心丸，放下恐惧，打算稳妥地接受一切治疗，因为，我相信自己一定可以从绝境中重生！

08

开始化疗

唐医生为我详细分析了所有的可能，然后建议我做出选择。我自己也上网搜索了许多相关的研究报告，大致掌握了滤泡性淋巴癌的治疗方向主要有以下两种：一是标靶治疗，二是化学治疗。

化疗一个月做一次，等到确定血液里面的癌细胞已清除干净，就要抽取干细胞，做冷冻培养。因为淋巴癌虽然是慢性的，并无立即致命之虞，但未来很有可能会在其他部位复发，一旦肿瘤长到两厘米以上，就得再做化疗，而且第一次的化疗药物就不能再用，必须另外选择副作用较大，也较猛烈的药物。如果转移到骨髓，那就有致命之虞，疗法也困难许多。

双管齐下，但求治愈

毒性较低的滤泡性淋巴癌转移成毒性高的恶性淋巴癌的概率是每年1%，看起来概率很低，但每年增加1%的概率，如果我打算再活三十年，累积起来的概率也不小。不过，新的医疗技术发展迅速，不断有令人振奋的病例出现，例如，一个原本令群医束手无策的白血病患者就是用免疫疗法成功治愈了。

　　然而，淋巴癌并不是可以完全治愈的疾病，因为癌细胞会跟着血液全身跑，无法完全根除；但只要不发作，其实跟常人无异。也有些信心坚定的病人就选择暂时不治疗，先观察，并且配合生活态度、饮食以及心境的调整等。

　　问题是，"你的确也可以不做化疗，只是，你是否会总是担心，放不下？"唐医生问。

　　我一时不知该怎么回答。这段时间，我也接触过不少其他的医疗建议，有些激烈的意见甚至把化疗视为毒蛇猛兽，认为它对身体的摧残更甚于癌症。这些意见在我心里快速闪过，让我迟疑了一下。

　　"最妥当的做法还是：化疗和标靶治疗双管齐下。"唐医生看我有些迟疑，又说道："搞科技的人，平时处理工作都很理性，一旦碰到生病，就很难放得开，整天放在心上，压力大得很。我自己也是这样！"他推推眼镜，脸上带着温和的笑容，为了缓解我的心理压力，他很有耐心地聊起自己当年有脂肪肝，血糖、血脂、肝功能都超标，不过，他下决心要好好管理自己的健康，最终创下一年减重 13 公斤的纪录。

　　轻松说完自己的故事，唐医生话锋一转，回到我身上。他说："你要使用的化疗药物，比较起来，副作用不是很大，也不会掉头发，这真的很幸运！无论如何，我们还是想办法，先让你腹部的二十几个肿瘤消失吧！"

　　"OK！"我点点头。其实，没等他跟我分享经验，我心里就有了打算；只是他诚恳、亲和的态度，让我把最后的一点担心都放下了。唐医生起身离开时，我跟他握手道谢："谢谢你给我信心！"

　　尘埃落定，我把遗嘱锁进抽屉里，慌乱的心情渐渐安定下来，我就要准备开始接受化学治疗了。

身体的风暴

我决定让化学治疗与标靶治疗同时进行，因此必须住院，长则五六天，短则三四天。第一次住院，心里还是有点儿面对未知的惶惶之感。我十一岁远渡重洋，独自到美国求学，那时也不知道哪里来的勇气，几乎没什么担忧。可是这回，二姐和姐夫陪着我走过医院长廊，推开重重的病房门，一股医院病房特有的气息扑面而来，我的心马上沉入无底深渊。

护士熟练地把我的病历号、病房卡插在床头，把住院须知交给二姐，然后让我躺到病床上，准备上针，挂点滴架。接着，唐医生领着一大群住院医师来了。他再一次对我详细说明了打化疗药物之前要注射的几种辅助药物，像可的松以及止吐、止晕、防止霉菌感染的药物等。我躺在床上，医生的话，有一点、没一点地散在空气里，二姐很认真地做笔记、问问题，我的身体仿佛也飘在空气里。一切如此清晰，又如此遥远。

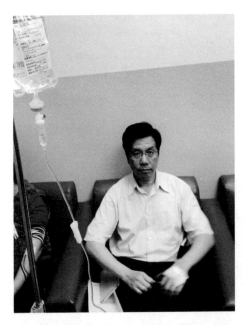

此时的我真切地体会到健康的可贵

医生说得轻松，我也高估了身体的适应力。事实上，化疗的副作用比我预期的更难受！

医生离去，护士进来，第一支预防性抗生素刚刚打下去不到半小时，我就开始强烈反胃。姐姐和姐夫在病床边手足无措地看我趴在床边干呕，端茶、递水、送毛巾，都无济于事，只能眼睁睁看着我受苦。

身体的风暴来了又走，预防性药物打完之后，接着就是标靶治疗一天、化疗两天，然后留院观察。

一开始的排斥反应渐渐安静下来，紧接之后的标靶治疗反倒没什么特别难受的后遗症。不过，刚开始用药，还是得观察身体能否承受、是否会引起什么过敏反应。所以点滴打得极慢，几乎是正常时间的两三倍。从白天开始打到半夜，加上后续的护理工作，睡眠受到严重干扰。

满嘴的药味

接下来两天的化疗，更是让我吃尽了苦头！

我的化疗药物虽然不是最猛烈的，但在医生口里轻描淡写的副作用，还是在我身上掀起了惊天巨浪！明明已经打过止吐针，但呕吐的感觉还是很强烈，最难受的是想吐却又吐不出来，堵得人要发狂。

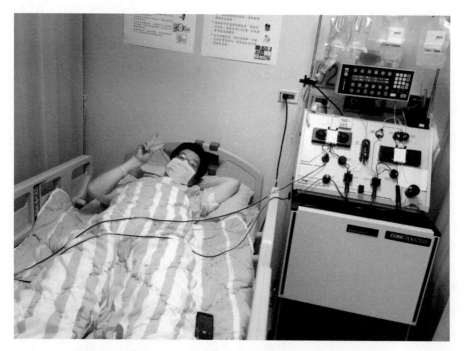

虽然医生说得平淡，治疗时的煎熬与副作用还是让我吃尽了苦头

　　我抱着随时放在床边的呕吐盆，一阵比一阵更猛烈的干呕，让我的心跟胃好像都翻了过来；眼泪、鼻涕糊了满脸，姐姐过来帮我擦，我不耐烦地推开她。这时候谁都不能碰我一下，仿佛轻轻一碰，我就会崩溃瓦解。

　　止吐针的后遗症不只如此，它还会导致严重的便秘。化疗病人明明有强烈的便意，肚子胀，却怎么也解不出来；我被搞得整天情绪烦躁、坐立不安。勉强吃了泻药，但有时有效，有时无效；即使顺利排便，也只能排出一点点，而且便完之后，脸上的毛细血管会破裂，全身大汗，整个人快虚脱了。便秘还很容易导致肛门破皮裂伤，化疗期间免疫力降低，要非常小心感染。先铃因为照顾女儿、准备搬家，所以还在北京，医生叮嘱姐夫每天帮我检查。刚开始还真不好意思，几次以后也习惯了。病中的身体已非我有，我驾驭不了，只好放手随波逐流了。

　　第一次化疗的副作用让我饱受折磨，但在医生眼里，这些都算是正常反应，所以到了第二次化疗时，打点滴的速度就恢复正常了，但我的反应既没有加剧，也没有减轻，仿佛有个看不见的小恶魔，在我的身体里踞地为王；药物注射进去，它就醒过来，张牙舞爪、到处作乱；药力消退，它就潜回洞穴里休息。而我只能趁它短暂休息的空当，可怜巴巴地夺回自己的身体使用权。

　　有一回化疗结束，回家休养，看着温暖的阳光晒在身上，我的精神、心情也都好极了。已经入秋的台北，到处绿意盎然。车子轻快滑过台北街头，阳光下的台北，美得像梦一样不真实，我忍不住在心里轻叹："活着真好啊！"

　　跨过死荫的幽谷，那是我第一次如此真实地体验到健康的可贵。可是，就像阳光终究要没入黑暗，这美好的感觉也是稍纵即逝。

09

我的人工血管

化疗期间因为长时间频繁注射，通常需要进手术室植入人工血管（Port-A），这是一种植入式中央静脉导管，用输注座衔接导管，再接通静脉血管，方便从静脉注射药物，或者输血、抽血。有些病人在化疗结束后还要将人工血管留置一到两年，并且定期冲洗，以备癌症复发时，还可以继续使用。

初期准备接受化疗时，医生告知我要植入人工血管。因为毫无心理准备，不免一阵惊慌，标靶、化疗已经是我能承受的极限了，没想到还要动手术！医生看我抱怨，只好说："不做也可以，那就先观察一阵再说吧！"

我本以为逃过一劫了，哪知道，经过两个疗程的治疗之后，我的两只手臂因为频繁打针，造成血管萎缩、硬化，手上瘀青斑斑。而且有时候，护士好不容易才找到可以下针的血管，居然打不进去，只好再试别处。看护士忙得满头大汗，我也跟着神经紧张；打针这种小事，也变成了大烦恼。所以，等到做完第三次化疗，医生看实在不行了，只好建议我接受手术，安置一个活动式人工血管，不必长时间放在身体里面。

动手术那天，我心里已经没有抗拒感了，心想不过是个小手术吧，没什么好担心的，可是老天真是喜欢捉弄我，一个小小的手术，却把我搞得

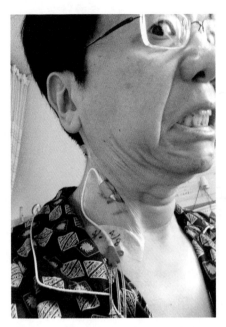

这个小小的人工血管手术，搞得我梦见被人割脖子

噩梦连连！怎么说呢？因为一般病人的人工血管都是装在胸前、肩下，我的人工血管却是装在颈部下方。由于手术时只有局部麻醉，我得在神志清醒的状态下，看着医生在我脖子上划一刀。后来我梦见有人拿着白光闪闪的刀子来割我脖子，吓得我从梦里尖叫着醒来。

先铃知道我做这种噩梦，等我情况比较好时，她趁机取笑我说："你根本就是现世报！每次都吓我，现在吓到自己了吧！"因为她最爱看恐怖片，遇到紧张的镜头又特别害怕，每次都蒙着眼睛问我："过去了没？过去了没？"我常故意逗她，让她睁开眼睛的时候刚好看到最恐怖的地方。而她最怕的就是用刀割脖子的镜头，我就害她看了好几次。这回，轮到我在手术台上被医生割脖子了，还搞得噩梦连连，果真是现世报在自己身上了。

身体小事，都是大事

不过，虽然被割脖子，但人工血管装好后，为了打针抽血找血管的压力顿时减轻不少。等密集的化疗结束，我就可以拆除人工血管。后续的标靶治疗，因为毒性比化疗小，身体有足够的时间修复，就不必倚赖人工血管了。

治疗期间，每天计较的就是一些看起来鸡毛蒜皮的小事，可就是这些小事，却深刻影响了我的健康、治疗进度和疗效。就像刚开始化疗时，不论吃什么、喝什么，都要计算容量和重量；大小便、呕吐物，也要测量、记录，简直不胜其烦。我因为化疗辅助药物造成严重便秘，苦不堪言，那阵子，只要哪天成功地排便了，那个高兴啊！简直比我过去每天盯着不断增长的业绩报表更让人兴奋。

化疗后另一种苦不堪言的经历，就是饮食。

因为大量的口服、针剂注射药物，口腔里随时都会涌出奇怪的药物味道，加上口腔黏膜被破坏，食欲大受影响。我从小就是爱吃鬼、小胖子。治疗期间，过去最爱的美食，才吃两口，就觉得全变味得令人作呕。可是为了补充体力，医生又不断叮嘱，要尽量吃。这下子，吃不下也得勉强吃，于我而言，真是今夕何夕、情何以堪！

每次化疗结束出院回家，为了庆祝我平安闯过一关，也为了给我打打气，只要看我状况不错，姐姐就会怂恿着大家陪我找家餐厅吃饭。大家看我第一次吃得高兴，食量恢复，之后化疗结束次次都去同一家餐厅。哪知道接连去了几次之后，那家餐厅跟我的化疗画上了等号，只要一想到它，我就忍不住想吐。

身体的记忆是很感性的，而且千变万化、出尔反尔，无法全然用科学方法分析理解。通过这场病，我算是亲临现场，亲身体验到身体还有许多科学无法解释的层面。

10

最后阶段的治疗

这难过的化疗加标靶治疗，需要每个月打一次，连续打六个月。每次化疗之后产生的副作用，还是持续地影响着我的身体和生活。

刚做完化疗的那几天，身体都不太舒服，外表看起来没事，但身体随时处在暴风半径，有时候会出现突如其来的狂吐，或者头晕、乏力。这些明显的症状倒还其次，比较可怕的是免疫力降低，你不知道什么时候会被细菌感染。

而且，不管哪一种类型的癌症病人都会因为化疗后免疫系统全面撤防，需要特别小心各种可能的感染，所以要用药性较强的预防性药剂。但随着新型抗生素的不断发展，细菌的抗药性也愈来愈顽强，对癌症病人来说，化疗后的免疫机能还是决胜的关键。同样是患淋巴癌的生死哲学家傅伟勋教授就是死于霉菌感染，朋友患白血病的孩子更因为化疗后的不明原因感染，造成脾脏肿大，最后不得不中断化疗，切除脾脏。

我因为自己先做过功课，加上医生的说明，我早就胸有成竹，但事到临头，才体会到事情有多严重。像我到后面的几次化疗，有些指数不太正常，一个是LDH（身体细胞新陈代谢的速度）变高了，按理说化疗后新陈代谢速度应该减缓才对，连医生也说不清楚到底是什么原因。

　　另外比较严重的就是白细胞计数下降。有一次，我的白细胞计数竟然低到 1 000 多。（正常数值是 4 000~10 000/ul。）太低或太高都有危险。我这个类型的化疗病人最低得保持在 3 000 左右；那次突然降到 1 000 多，把大家都吓坏了，赶紧把我推到急诊室注射刺激白细胞生长的针剂 G-CSF（欣粒生）。

　　后来，为了避免出现危险，医生建议先铃学习在家帮我每天做 G-CSF 的皮下注射。先铃胆子小，硬着头皮好不容易学会了，回到家却越想越怕，越怕就越紧张。第一次注射，她紧张得手都在发抖。我看她紧张，也搞得肌肉紧绷。结果她一下针，我的肌肉收缩，针顿时被弹飞出去。吓得她哇哇大叫，再也不敢拿针。怎么办呢？总不能每天都上医院吧！我只好自己来。

重生的喜悦

　　就这样，终于挨到最后一次化疗结束，仿佛走过一条长长的隧道，终于重新来到蓝天白云下，整个世界都是新鲜、芳香的。重生的喜悦，让我心里莫名其妙地充满感恩，感恩天地、感恩世界、感恩身边的每一个人！

　　唐医生安排我做了一次 CT 检查，腹部的肿瘤大都清除干净了。不过，唐医生的说法很巧妙，他说："我们看不到一厘米以上的肿瘤了。"

女儿听到我检查的好消息，送我两张她拍的温馨照片（李德亭摄）

修过死亡学分，我的世界更开阔了，我将无惧地迎上前去

我问："您是说，我的身体里面已经没有肿瘤了吗？"

他看了我一眼，身子往椅背一靠，然后用一种略带沉思的口吻说："也不能这么说啦！我们认为一厘米以下就不称为肿瘤。"

我紧接着问："如果是第一次来检查的病人，结果也是这样，那您是不是会跟他说，他没有癌症？"

他的回答更巧妙了："是的，但你不是第一次来，所以我不会这样解读！"

我发现，做医学研究的人，对于统计学的理解和应用，与我有很大的不同。而且，在面对病人的时候，可能有很多病人心理上的考虑，有些说法就不得不刻意模糊，以免造成误会。

过去，我会从自己的角度当面提出质疑，但我越来越清楚，每一种认知、观点，都因角色、立场而有所不同，无关是非对错。有了这种理解，可以免除许多争辩的烦恼。在医疗专业上，我尽量配合医生。

最后，唐医生告诉我："如果你坚持想知道腹部残存的东西算不算是肿瘤，也可以考虑动手术切开来看。不过……"他略微停顿了一下，才继续往下说："依我的评估，手术只有风险而没有好处，真的没什么必要。"

我接受了唐医生的建议，先不管腹部到底怎么了，接下来每三个月接受一次标靶药物治疗，每次约两小时。然后每六个月做一次磁共振成像检查。虽然可侦测到的肿瘤变少了，但是，不能被称作肿瘤的"东西"存在我的体内。我也更清楚地知道，会形成这些肿瘤的"我"的身体环境，倘若没有彻底改变，它随时可能卷土重来，对我展开下一波的攻击。这才是我必须认真面对的、另一阶段的漫长治疗。

癌症让我看清自己

癌症病人在被确诊罹病之后，第一时间一定是不断反问："我到底做错了什么？为什么是我？"理智一点的人，在短暂的震惊之后，开始仔细反思，也许就会理出一点蛛丝马迹；尽管这些蛛丝马迹未必真的就是致癌因素，但是，有机会对自己的生活、饮食习惯、个性、处世态度做全盘的省思，怎么说都是一件好事。

我总是努力把"拼命"当作自己的标签，从来不理会身体已经不断对我发出警告；寻常生活中的小病小痛，我都不当一回事，随便吃点儿药，就马马虎虎混过去了。睡不好，就吃安眠药；精神不济，就猛灌咖啡。反正工作优先、业绩第一，社交网站兴起，我玩出了兴头，还要求自己每天维持至少发 10 条微博的"纪律"。紧凑的生活确实让我活得精彩，可是无形的压力却慢慢累积在身体里面，以滴水穿石的力道，侵蚀着我的健康。

说到压力，我过去总自认为有超出常人的抗压能力。兵来将挡、水来土掩，大大小小的事，我大抵都能过关斩将、顺利通过。直到生病了，我读了一些好书，结识了许多有修养、有智慧的朋友，我才发现，压力不一定来自忧虑、紧张、急躁、愤怒等情绪；争强好胜、期望、等待、兴奋，甚至像我过去一直怀有的"改变世界"、让"世界因我不同"的企图心，稍有不慎，就会在体内留下难以清除的"毒素"。

如果不是癌症，我可能会循着过去的惯性继续走下去，也许我可以获取更优渥的名利地位、创造更多成功的故事，如今，癌症把我硬生生推到生死界线，我才终于看清楚这一切。

这场大病，让我心里的某些角落仿佛也被打开了，我相信，即使未来我将从事同样的工作、我的作为也与病前并无太大差异，但我知道，我的心不会停留在过往的追寻上，我会随时提醒自己，让心更开放，以便倾听、探索更广大的未知事物，在机缘成熟的时候，尽力做我能做的事！

这个转变的过程，或许正是癌症要教给我的！

第二部分

病中觉悟

01

与过世的父亲"偶遇"

那天清晨，天刚微微亮，我系好鞋带，轻轻掩上门，就乘电梯下楼了。

化疗结束后，医生嘱咐我，接下来最重要的就是改变过去的生活方式，好好把身体调养起来。按照郑医生给我的养生建议，我每周至少需要运动两次，每次一小时以上，走路很好、爬山更佳，以微微出汗、气微喘为原则。

当初决定在天母赁屋居住，主要是考虑德亭上学方便，又考虑到这里位于阳明山下，空气清新，附近的公园、步行道又特别多，我要出门散步、爬山，极为方便。可是，谁也没料到，其实是冥冥之中一条看不见的线索，把我一路牵引过来。

从住处到我那天选定的登山步行道，只要绕过几个小公园就到了。这是也住在附近的郑医生推荐给我的步行道，他觉得坡度适中，树荫也很多，走起来不会太累，又能得到锻炼，对我是很合适的。照着谷歌地图的指引，我下了车，转过一个弯道，就开始爬坡上山。

这是沿着台北盆地边缘，从阳明山系的纱帽山鞍部逶迤而下的一条步行道。一大早，来爬山的人已经三两成群，一边走、一边聊，好不热闹。

尝试了几种运动方式，我开始学着每周爬山两次，同时让自己放空。（陈之俊摄）

我一个人，虽然不急不赶，但为了走出一身汗，还是加快了脚步，尽量走得快些。

一路走来确实舒畅，绿荫如盖、清风送爽，堆满落叶的泥土路，踩在上面，心里是很踏实的。有位自然疗法医生说我之所以会得病，跟我长久不接地气有关。原来接地气的感觉是这样，好像人自然而然就平和了，心里没什么波澜起伏，就是一步接一步，持续向前。

才走没多久，我已经一身的汗。心想下回应该邀先铃一起来，她也该锻炼锻炼了，前段时间，我生死未卜，她默默扛起所有的责任，把自己都累坏了也不让我知道。

想到她，看看手机，她跟德亭应该都起床了，我这时候下山回去，说不定可以赶上跟她们一起吃早餐。

地图上显示，我不必走原路下山，这山道就有这点好处，在山上不管怎么绕，都可以找到下山的快捷方式。我按指示走到三岔路口，一路缓坡，顺势往下，在枝叶掩映中，山下的屋脊房舍越来越近，一栋黄色琉璃瓦的建筑映入眼帘，我怎么觉得它十分眼熟？

"啊！慧济寺！"我吓了一大跳！我怎么会走到这儿来了！

我想起来了。没错，就是这儿，慧济寺，这是父亲灵骨所归之处。我居然走到这儿来了！

父亲去世二十多年了，这二十多年，只要回台湾，我一定会抽时间过来看看，但每次都是从台北市区搭了车子过来，来去匆匆，加上我对台北的方位也不熟，根本没想到我现在住的地方会离父亲这么近，更没料到我病愈后运动保健的第一条登山步行道，就环绕在父亲左右。

我沿着长长的阶梯往上，进了山门，一只老狗站在阶梯上对我摇尾巴，还尾随我进了大殿，陪我去接圣水，再默默地陪我走到父亲牌位前，直到我离开。此后我每次来，它就像是寺院里的知客僧一样，殷勤而又沉默地接待我。

我的脚步很轻，心也放得很轻很轻，绕过大殿，径直来到安置灵位的后殿。才一小段路，却像是闪身进入一个时空隧道，来到一处分不清过

冥冥之中，我无意识地走到了父亲灵骨所归之处，想起这病中一切，或许其中真有深意
图片来源：纪录片《向死而生》

去、现在和未来的恍惚、迷离之境。

我先向主位的地藏王菩萨行礼，墙壁上贴着照片、写着姓名的牌位，像是神灵一双双炯炯有神的眼睛，从高处俯视我。我在父亲的灵位前合十默祷，霎时间，一股说不清楚的滋味从胸口翻涌上来，止不住的泪水奔涌而出，好像把我满肚子的辛酸、委屈、疑惑和忏悔，也一起宣泄出来了。

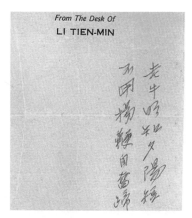

姐姐从父亲抽屉翻出的字条，原来父亲一生勤奋，以老牛自勉

我紧闭双眼，任泪水流淌。父亲始终默默无语，但我可以感觉到他就在我前面，宽和地看着我，就像我小时候偷了钱，后来自己害怕，把钱丢在墙缝里，他却什么也没说，只问："你自己有什么感觉？"我没想到父亲会这么问，愣了一下就哭着说："我对自己挺失望的。"他让我哭了一会儿，才拍拍我，轻轻地说："希望你以后不要再让自己失望了。"

父亲一生谦和，淡泊名利，印象中的他总是伏在案前奋笔疾书，像头老牛似的勤奋不辍。他过世后，姐姐在他的抽屉中找到他自己手书的："老牛明知夕阳短，不用扬鞭自奋蹄。"我一想到这句话，就忍不住心酸！在那样的时代，他这样一个心怀万里的男人，一方面要无微不至地照顾与关爱妻儿子女和学生，一方面还有未竟的宏图远志，他是怎样寻求其中的平衡，又是怎样谨守个人的界限，清廉自持、乐而忘忧的呢？

如今我站在父亲灵前，除了惭愧，还是惭愧！

但冥冥之中似乎有某一种神秘的力量，在我刚刚病愈、准备重新出发之际，把我带到父亲面前。让我一方面疗愈身体的疾病，一方面对自己的思想、言行做深切反省；让我虽迷途而未远，觉今是而昨非，还有补过改善的机会。这未尝不是父亲在天之灵的庇荫！

02

如果生命只剩 100 天

在我寻求康复时，竟然在登山步行道上与父亲的偶遇，这个不可思议的巧合，让近年来发生在我身上的许多事件，仿佛都有了一种奇妙的因果联系。

中国人讲"身体发肤，受之父母，不敢毁伤"，我不仅毁伤、糟蹋了，还让自己险些丢了性命。每次站在父亲灵前，总有历劫归来、大难不死的庆幸与忏悔。

想当初，放射科医生看到我腹部有二十几个肿瘤，连他都吓得脸色发白，不敢正面看我，我就像被正式宣判死刑一样，先前还期待能够侥幸逃过厄运，一下子希望全部落空了，摆在眼前的冷冰冰的结局就是死期将至，我可能只剩 100 天好活。

100 天，那可是一眨眼就会过去的！无数个清晨黑夜，我睁大了眼，唯恐一闭上眼，我能看到这个世界的机会就一分一秒地减少了。伤心、绝望、懊悔、愤怒、跟老天爷讨价还价……各种情绪轮番在我的脑海里翻滚煎熬。我苦苦闷着、撑着，像一头受伤的野兽，被关在狭小的牢笼里。全世界都远去了，我过去所在意的一切、一切全都远去了，只剩下几件看似寻常的小事，在那个时刻，却活生生地跳到眼前、心上，催促着我："你还有多少时间迟疑呢！你再不做就来不及了！"

　　我脑海里一遍一遍地想到先铃，想到孩子，想到母亲和哥哥姐姐，也想到几位好朋友，我还想到了我错过的许多短暂的美好时刻。过去，我总觉得时间还很多——等我准备好这个演讲，做完那个采访，忙完这件投资案子；等我把每天发的微博内容都处理好。所以每件事都比这些"小事"重要。结果到头来，在我的生命仅存最后的 100 天时，我才发现，我这一生最大的错误是，我彻头彻尾地舍本逐末，把最要紧的事搁到最后，却把人生最弥足珍贵的时光，浪费在追逐那些看起来五彩斑斓的泡沫。

　　过去我曾在美国教会学校就读，而且在以基督教为主的美国生活了三十多年，耳濡目染，一定程度上都认为人生只有一次。如果人生只有一次，那么人生当然要分秒必争，而且要无所不用其极地做到最大化影响

通过写作、网络、演讲，帮助众多青年学生，是我最有热情，而且愿意不计代价、全力以赴的工作之一

力、最大化效率。在这样的信念之下，我不断挑选、改变人生跑道。从卡内基·梅隆大学（CMU）到苹果，因为我觉得蹲在研究室里写论文不能最大化影响力；加入微软回到中国，一方面因为这是我父亲期望我做的，另一方面是因为中国地大物博、人口众多，而当时的环境也充满机会，我如果回去，可以产生一定程度的影响力。所以我写了七封给年轻人的信，出版了五本书，发过一万多条微博，举行了五百场演讲……一切都是为了给年轻人带来正面的影响。后来我加入谷歌，是为了学会如何打造顶尖的网络产品；离开谷歌创办创新工场，则是希望用我的专长来帮助年轻人，做出可以产生实质利益的产品。

我信心满满地到处宣扬我的理念，我建议年轻人要做最好的自己、要最大化影响力；我鼓励年轻人要积极主动、寻找兴趣、建立正确的价值观；我还用理想中的墓志铭来确认我的人生方向……但是，一帆风顺的人生履历，让我的骄傲情绪悄悄滋生；理工科培养出来的思维模式，包括因果逻辑、结果导向和一切以量化判断……让我在追求效率时变得冷漠无情。我走在一条其实颇为正确的道路上，但是，过度的名声却让我的中心轴偏了。

乔布斯曾说过："记住你即将死去。"这句话如今已成为我的座右铭，每天提醒我看清楚什么才是生命中重要的选择；因为所有的荣耀与骄傲、难堪与恐惧，都会在死亡面前消失，只留下真正重要的东西。如果觉察到自己沉溺于担心会失去某些东西时，"记住你即将死去"会是最好的解药。

我曾以为微软官司是我这一生最极端的炼狱，经历过那段恐怖时光，一切挑战都显得微不足道。但是经历过死亡的威胁与病痛的折磨，微软官司当时所担心的名誉受损、工作生涯等问题，已经毫无意义，人生更大的挑战是如何克服面对死亡的恐惧，以及如果生命只剩100天了，我会怎么做？

在夹杂着悲伤、愤怒、绝望和追悔的情绪里，茫然四顾，但死亡的紧迫感却提醒我，无论如何要在生命最后的时刻，好好地做几件事：

（1）让我的亲人、朋友知道我真心爱他们，是他们让我的生命充满了温暖和光辉。

（2）我要跟他们一起度过难忘的时光，让我们彼此的生命都记住在那个时刻里我们互放的光亮。

（3）我要在活着的每一个时刻都是全心全意地活着，我不会再花心思去臆测、追想那些还没来到或者已经远去的事。

一生都在照顾临终病人的护士邦妮·韦尔（Bonnie Ware）也说，人在临终时最后悔的五件事是：

（1）我希望当初有勇气过自己真正想要的生活，而不是别人希望我过的生活。

（2）我希望当初我没有花这么多精力在工作上。

（3）我希望当初我能有勇气表达我的感受。

（4）我希望当初我能和朋友保持联系。

（5）我希望当初我能让自己活得更开心一点儿。

病中我不止一次想过，如果我的人生将要走到尽头，我心中不想亏欠任何人，真心希望能够用我的余生来弥补爱我的人对我所有的付出，希望我的亲人、朋友、帮助过我的人……他们会觉得认识我是值得的；我们之间的相处、互动，可以成为最闪亮、最美好的回忆。

如果人生只剩 100 天，我会和先铃一起回忆我们共同度过的美好与艰辛时光；我会和先铃再回到匹兹堡学习教堂的无边草地上，带着我们自己做的波兰香肠三明治，还有附近的炸蔬菜串和她最爱喝的桃子鸡尾酒，回忆我们学生时代简单和快乐的生活。回忆我们还是穷学生时，如何在河边无照偷偷钓鱼，到电影院一天看六部影片，看到想吐；减价时大采购，结果遇到下大雪拿不动，只好把一块块冻成球的肉从山坡上滚下来。我一定要让她知道，这一生因为有她相伴，我的人生是如此丰富！我会带最喜欢熊的德宁到泰迪熊博物馆（Teddy Bear Museum）的咖啡馆和她聊天，听她讲讲服装设计界又发生了什么新奇的事件，也听听她对男朋友的看法。我还要跟德亭再去一次威尼斯，大吃有名的Gelato Fantasy冰激凌，坐在运河上的贡多拉，帮她取景拍照。我也一定要约我的室友罗斯见面，跟他去买25公斤的奶酪，做上10个奶酪蛋糕，吃到我们想吐为止，然后重温我们过去的每一次恶搞……

至于母亲，我会躺在她大大的肚子上，一张一张翻看我们的老照片，再一遍又一遍地听她说起当年如何如何。然后我要告诉她我是多么爱她，我愿生生世世做她的孩子。我还会到父亲灵前，告诉他我终于明白了，他希望我做的，嘴上虽然没说，但他都做给我看了，我也终于了解，人到无求品自高，人生应为所当为，若将名利挂心头，便如苍蝇追逐腐肉，把人生的追求浪费在满足最低层级的欲望上。

我希望跟我有缘的人能够跟我一样感恩这样美好的缘分，对未来有很多乐观正面的思考，那该有多么好！而且，只要好

我永远无以回报先铃的付出，但我会用一辈子的时间来努力

妈妈 80 岁时我们的全家福

好体验人生、享受世界的真善美，让自己的生命不断升华成长，不必留下什么，这个世界就会因你而芬芳。若真要留下什么，那就是留下我们的孩子。如果真要衡量什么，一个善良的后代，能带给世界的正面影响，一定会超过邪恶的人。

当大家都有相同的体会时，就很接近真理了。当我确定自己患有淋巴癌第四期，并不会立即出现生命危险时，我还有机会重拾健康、弥补过去的缺失，庆幸之余，我就忍不住想，既然对"如果生命只剩最后 100 天"已经有过缜密的思考，**为什么不从现在开始每天都这么过呢？**

03

与星云大师对谈

生病之前，我被美国《时代周刊》评选为"影响世界百大人物"之一，我意气风发地赴美受奖，自认实至名归、当之无愧。然而，吊诡的是，领奖回来没几个月，我就发现自己生病了。病中赤裸裸地暴露在病痛的风暴中，再大的影响力、再高的知名度都帮不了忙；在诊疗间、在病床上，我什么都不是，就是一个随时可能在呼吸之间顿失所有的病人。

那时候，我常常怨天怨地、责怪老天爷对我不公平，我从内心深处发出呼喊："为什么是我？我做错了什么？这是因果报应吗？"我是天之骄子啊！我有能力改变世界、造福人类，老天爷应该特别眷顾我，怎么可能会把我抛在癌症的烂泥地里，跟一群凡夫俗子一样在这里挣扎求生？

朋友看我很痛苦，特地带我去拜见星云大师，并在佛光山小住几日。有一

荣登全球百大影响力人物榜（2013）

天，早课刚过，天还没全亮，我被安排跟大师一起用早斋。饭后，大师突然问我："开复，有没有想过，你的人生目标是什么？"

我不假思索地回答："'最大化影响力'、'世界因我不同'！"这是我长久以来的人生信仰：一个人能在多大程度上改变世界，就看自己有多大的影响力；影响力越大，做出来的事情就越能够发挥效应……这个信念像肿瘤一样长在我身上，顽强、固执，而且快速扩张。我从来没有怀疑过它的正确性。

大师笑而不语，沉吟片刻后，他说："这样太危险了！"

"为什么？我不明白！"我太惊讶了！

"我们人是很渺小的，多一个我、少一个我，世界都不会有增减。你要'世界因我不同'，这就太狂妄了！"大师说得很轻、很慢，但一个字

在CMU五位荣誉博士的留影，当中有艺术家、有诺贝尔奖得主，难得我是照片里最年轻的人

一个字清清楚楚。"什么是'最大化影响力'呢？一个人如果老想着扩大自己的影响力，你想想，那其实是在追求名利啊！问问自己的心吧！千万不要自己骗自己……"

听到这里，简直像五雷轰顶，从来没有人这么直接、这么温和而又严厉地指出我的盲点。我愣在那里，久久没有答话。

"人生难得，人生一回太不容易了，不必想要改变世界，能把自己做好就很不容易了。"大师略停了停，继续说："要产生正能量，不要产生负能量。"他的每一个字都落在我的心田里："面对疾病，正能量是最有效的药。病痛最喜欢的就是担心、悲哀、沮丧。病痛最怕的就是平和、自信，以及对它视若无睹。我患糖尿病几十年了，但我无视它的存在，每天照样做我该做的事，我现在还不是活得好好的！"

大师的话语时常在我心头回荡，原来我多年的信念存在着看不到的盲点

那几天常听大师开示，觉得自己过去坚信不疑的很多价值观、信念都是有瑕疵的。我当时还带着很多因为身份、名望、地位而来的自负，大师的话语，我虽然记住了，可是我并没有完全明白，也没有完全接受，甚至还有点儿不服气。

有一天，我想到我在微博上时常针砭时弊，也曾对一些负面的社会现象口诛笔伐。于是请教大师要用什么样的态度面对社会上的"恶"？没想到，大师还是以一贯平和的语气回应我："一个人倘若一心除恶，表示他看到的都是恶。如果一心行善，尤其是发自本心地行善，而不是想要借着行善来博取名声，才能导正社会，对社会产生正面的效益。"

"可是，如果看到贪婪、邪恶、自私等负面的事件，又该怎么办呢？"我想辩解。

大师说："要珍惜、尊重周遭的一切，不论善恶美丑，都有存在的价值。就像一座生态完整的森林里，有大象、老虎，也一定有蟑螂和老鼠。完美与缺陷本来就是共存的，也是从人心产生的分别。如果没有邪恶，怎能彰显善的光芒？如果没有自私的狭隘，也无法看到慷慨无私的伟大。所以，真正有益于世界的做法不是除恶，而是行善；不是打击负能量，而是弘扬正能量。"

养病期间，大师的话语时常在我心中回荡。我想得最多的就是"影响力"这三个字。

过去，不论做任何事情，我都会不自觉地先估算这件事能产生多大的影响力。一场演讲不到一千人就不去；每天微博不能新增一万个粉丝，我就觉得内容发得不够。有人发电子邮件问我创业问题，我只回复那些有可能成功的。是否要见一个创业者，完全取决于他的公司有多大潜力。要见哪位记者，也要看他面对的读者群有多少。我从来不觉得这有什么不对，我的行程排得满满的，我的时间有限，当然必须过滤掉很多次要的、没有意义的活动。于是，我精确计算每分每秒该怎么用在能够产生最大影响力的地方；我也几乎有点偏执地把运营社交媒体当作人生目标的重点，把获取粉丝视为志在必得的工作。

那时候，我确实沉溺在各种浮动的快感中，我是众所瞩目的人，走到哪儿都有粉丝围绕着我；我在微博上的影响力让我轻易发起万人实名抵制某一档红火的电视节目；我认为自己是路见不平、仗义执言的大侠。作为一个科技人，我丝毫未察觉自己已经越界；我坚信自己是在关心社会，但骨子里我恐怕已经被千万粉丝冲昏了头，每一个社会重大事件，粉丝都会期待我的表态，于是我陷入转发与关注的热潮中，不能自已；甚至还运用我的专业知识，筛选最值得关注的微博条文，好让我的言论更具有影响力。

大师重重点醒了我："追求最大化影响力，最后就会用影响力当借口，去追求名利。不承认的人，只是在骗自己。"为了追求更大的影响力，我像机器一样盲目地快速运转，我心中那只贪婪的野兽霸占了我的灵魂，各种堂而皇之的借口，遮蔽了心中的明灯，让我失去准确的判断力。我告诉自己，有了影响力，我就可以伸张正义、做更多有意义的事，我的身体很诚实，我长

2008 年担任北京奥运会火炬手

期睡不好、痛风、便秘，还患了几次带状疱疹。这些警示都太微弱了，无法撼动我那越来越强大的信念；人说"不到黄河心不死"，狂心难歇，最后身体只好用一场大病来警告我，把我逼到生命的最底层，让我看看自己的无知、脆弱、渺小；也让我从身体小宇宙的复杂多变，体会宇宙人生的深邃和奥妙。

身体病了，我才发现，其实我的心病得更严重！当我被迫将不停运转的机器停下来，不必再依赖咖啡提神，我的头脑才终于可以保持清醒，并清楚地看到，追逐名利的人生是肤浅的，为了改变世界的人生是充满压力的。珍贵的生命旅程，应该抱着初学者的心态，对世界保持儿童般的好奇心，好好体验人生；让自己每天都比前一天有进步、有成长，不必改变别人，只要做事问心无愧、对人真诚平等，这就足够了。如果世界上每个人都能如此，世界就会更美好，不必等待任何一个救世主来拯救。

现在，我发现一种更符合自己渺小地位的思维方式，那就是，如果我做一件事情，世界上每一个人也都这么做，那么我们的世界会不会变好一点？如果会，我就去做，但不再用量化的思维计算每件事的"价值"和"意义"。生命太深奥了，很多看不见的价值与意义，会发生在我们看不见的细微之处。例如生病之后，我陆陆续续在微博上发表了一些病后感悟的文章，我只是真诚地想要跟大家分享，再也不会像过去一样，为了增加点击率和扩大影响力而刻意营造推广。我发现，对于真正有需要的人来说，一篇短文、一句诚恳的话，就能深入人心。与其让千万人过目即忘，不如让一两个人铭记在心。而且，通过这种真诚、无私的灵犀相契，我自己得到的回馈才会是正能量。

现在，之前汲汲营营追求的一切，在我心里都渐渐淡了；卸掉身上很多看不见的负担，我才有能力辨识网上许多激昂、沸腾的讨论，常常都充满了负能量。

昨日种种，譬如昨日死；今日种种，譬如今日生。病中醒来，昏聩的心灵也醒过来了。我现在不太看网络消息，更不觉得自己需要在网上仗义执言。眼不见、心不烦，不见可欲，使人心不乱；不烦不乱，就不会带来身心的压力，不然，压力是一切致病之源。就算是对自己的健康负责，我也势必要远离过去的生活方式了。

04

从容和自己竞赛

多年来，我所负责的很多企业是横跨中美的，因此工作是不分时间的，一天二十四小时都可能有人从美洲甚至欧洲发来电子邮件。我当时可能有点儿孩子气，特别想让员工知道我很努力，因此甚至被一些朋友和

员工起了一个外号，叫作"铁人"，我非常以此为傲：我的确是个铁人，我拼命地工作，你看我多棒！我总是告诉大家，我一天只需要睡五个小时，你无论什么时间发电子邮件给我，白天我十分钟就会回复，晚上两小时内也会回复。我睡眠浅，醒过来反正睡不着，干脆起来回几封电子邮件。

先铃睡得比较熟，所以通常她不知道我起床做事。有时候我在书房里正忙着回电子邮

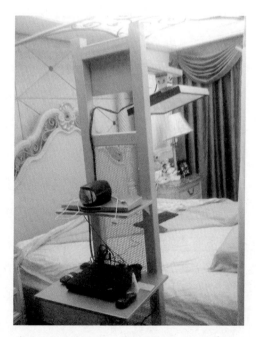

曾经开刀卧床两周，特别定制了可以躺着用的电脑架以便工作

件，突然听到脚步声，我就知道糟了，老婆要抓我回去。所以每次半夜起来，我都蹑手蹑脚的，生怕被她发现。这样的日子过了大概有十年之久！

这次大病，让我彻底觉醒。为什么要做这样的"铁人"，在人生的竞技场上，一定需要用这样的方式来参赛吗？

网络上有一则发人深省的广告，在一场马拉松竞赛上，一位选手突然对比赛产生了疑惑。他问："大家都说人生就像一场马拉松。真是这样的吗？为什么大家都朝着同一个方向、同一个目标前进呢？""我能不能退出这场比赛？我能不能选择其他的方向？"广告画面上，这位选手看到有人不幸跌倒了，仍然勉强站起来继续向前，他的疑惑更深了，于是，他勇敢地率先跑出队伍；其他人也看到了，并纷纷效仿，每个人都奔向自己的方向。

以前我追求效率，在开刀躺在床上两周时，特别定做了可以躺着用的电脑架。记得那两周，我非常自鸣得意："别人开刀后就呆呆地躺了两周，我居然比上班还要有效率！"

我们的时代虽然越来越鼓励，也越来越接受多元化的价值观，但是，不可否认，"成功"，以及伴随它而来的名声、利益，还是多数人共同追逐的目标。因此，一个人的努力是否有价值，比如一位面包师傅、一位水电师傅的工作是否值得肯定，我们还是会看他是不是那个行业的翘楚？他是否曾经获奖、是否很有名？我们不会看到他内心的满足和喜悦，或者他如何通过工作这个切入点，不断修正自己的人生态度。

我在书上曾列举过几个成功者的范例，一位是我的母亲，另一位是我过去在美国雇用的园丁，他们都把自己的角色表现得淋漓尽致，而且乐在其中。我还特别强调："成功的定义因人而异，没有一定的标准，不需要和别人竞赛，你竞赛的对象是自己，每天让自己比昨天更好一点儿，更积极地面对挑战，在面对不如意时，让内心更加平静。"所以，我过去其实都领悟到了，但在灵魂深处，我的竞争之心并没有完全褪去。

病中亲身感受到生命的脆弱与自己面对疾病时的无能为力，这才使我渐渐体悟到我是多么渺小，光是把责任范围内的每件事都做好就已经很难了，哪还有什么才德、见识可以去衡量"最大化的影响力"呢？

就以我的专业语音识别技术来说吧！我的博士论文语音识别技术里有一种计算方法，叫作maximum likelihood estimation（最大似然估计）。也就是说，如果我们观察到一些样本，再做一些模型的假设，就可以用"最大似然估计"的样本来训练这些模型参数。然后，这些模型和参数就可以用来作为识别的依据。把"最大似然估计"的概念扩大来说，就是指我们对事物一定有某种理解和判断，而这种判断并不是基于灵感或直觉，而是基于过去积累的样本和客观结果。每观察一件新事物，都会不断增进自己的判断。当面临一个新的决定时，就可以用同样的客观模型来评估这个决定的可能性，并从中挑选最可能成功的那一个。

然而，这是一种极端科学、客观的人生观，和"最大化影响力"这个概念是一致的，当你用这个方式优化一切决定时，就会很自然地想道：如何使人生的意义最大化？过去，我的人生意义模型就是：生命是短暂的，所以应该慎重衡量所做的每一件事、每一个抉择，然后挑选出那些能够创造最大意义的。

这个观点看起来十分积极、正面，可是，我现在慢慢发现，很多看似无意义的事，不见得是没有意义的；而且生命的意义也没法称量、精确计算。

过去，我凡事讲求"效率"，比如，秘书会帮我安排每日行程，在众多求见者当中，免不了都会事先筛选哪个人是非见不可的，哪个人又是见不见都无所谓的。

基本上我就是用我的博士论文中的算法，就像电影《黑客帝国》

（*Matrix*）那样，注入了我的脑力，让我成了一台最大似然估计的力行者！

可是，在养病期间，我看到了过去的做法是天真且以自我为中心的。在得知患病后，我发了条微博："癌症面前，人人平等。"但在觉醒之后，更认为："在一切事物面前，人人皆平等。"生病的经历告诉我：世界的奥妙不可以轻易评估。所以，只要身体和时间允许，我会秉着"人人平等"的理念，每天在网上和网友交流一段时间，也会每周见一些有缘的陌生人。

几次下来，我发现我渐渐不那么在意"效率"了，心里没有预设目的，我反而可以敞开心扉接受所有的可能性。我发现，许多上门求教的朋友在和我谈过话之后，我给他们的建议是否有用，我也不在乎了。如果是在过去几年，我很难腾出时间见陌生人。但现在，我宁可相信每一个与我相见的人，不论谈些什么，都是因为我们之间必然有某种缘分，需要多少时间就花多少时间；能够见上一面，缘分就开始启动。当然也有谈得不愉快，或者气场不对的，那么我们的缘分或许就从此了结了。所以，每件事都有意义，只是我们看不清楚罢了。

人生在世，无论理性、感性，我们所能知、能见、能感的实在是太少了。除了尽力把自己力所能及的事做到最好，不断提升自己、体验人生的诸多可能也同等重要。世间的事并不是都能按照计划进行，各种缘分、偶遇都值得珍惜。因果难料，不能只用统计方法去推测一件事的因果，也要聆听内心声音的指引。

体会到这一层面后，我虽然依旧相信"最大似然估计"，但也懂得如何不被表象的量化标准绑架。当我不再斤斤计较每件事具有多少"意义"时，我的焦虑感也逐渐减轻了，至少，学会不用别人的标准参与竞赛，从容地走自己的路。

05

审视墓志铭

不再斤斤计较"最大化影响力",更不敢再奢谈改变世界,难道我过去的所有信念都错了吗?那也未必。

有好几次,我站在父亲灵前,默默地对父亲说:"如果您在天上有知,看到我犯了这么多的错误,您仍会以我为荣吗?"

慧济寺的老黄狗总是跟在一旁,含情脉脉,时不时对我摇摇尾巴。远处随风吹过来一阵花香,不知是桂花还是什么花的香气,淡淡地萦绕在我身边。天地之间有一种看不见的能量在流动,也是脉脉含情。

父亲从来没有回答我,但每次走出慧济寺,我的内心都特别宁静。我想,不必追悔过去了,过去的我已经死去,今后的我,每一天都是重生!

而且,如果没有过去的错误,我如何才能知道什么是正确的方向?也许,人生之妙,就在于不断地在犯错的过程中修正、再修正,

知道罹癌后,我既愤怒又悲伤,甚至一次次跟上帝、菩萨、诸神讨价还价,忏悔过往 图片来源:纪录片《向死而生》

所谓"如切如磋、如琢如磨",想要止于至善,是不可能一步到位的。

其实,我过去所做的一切,无不遵循着父亲的指引。当年我写七封"给中国学生的信"的时候,也是受到他的感召,真心想要帮助年轻人。此后,不论演讲、写书,我提到的很多观念、想法,包括坚守诚信正直的原则、积极乐观、主动学习、保持热情等,甚至"做最好的自己"、"最大化影响力",都有父亲的很多影子。生病之前,每当去灵前祭拜他,我常想:"我已经完成父亲的梦想,父亲若还健在,该会多么以我为荣啊!"

只是我"失之毫厘,谬之千里",我可能被太多成功经验冲昏了头,傲慢而不自知;也许我习惯了考虑效率,所以会推论每件事的因果逻辑,以结果导向与量化判断来衡量很多事,然后一步错、步步错,错到最后,连自己都看不出错在哪里了。

每次演讲后总有许多争相签名、合影的热情听众。而我一度错以为这能让父亲以我为荣

如今回头审视，我到底是从哪一步开始偏离了初心呢？

在一次采访中，记者问我："你在《世界因你不同》这本书里提到过，随着人生阅历不断丰富，你想要的墓志铭也不一样了。那么经过这场病之后，你希望将来得到怎样的墓志铭呢？"

经他这么一问，我突然间明白了，原来我的病根儿就在这里！

年轻的时候我一直认为，当你离开世界时，你希望这个世界会因为什么而记得你？那就朝着这个目标前进吧！所以我总会问自己："我要怎样的墓志铭？"

我在《世界因你不同》这本书里提到过，在科技界打拼多年，从加入苹果的那一天起，我想要的墓志铭是：

> 科学家、企业家，
>
> 他曾经任职于多家顶尖高科技公司，
>
> 把繁杂的技术转换成为
>
> 人人可用、人人获益的产品。

后来，我在中国试图用教育手段帮助更多年轻学生，那时候，我希望我的墓志铭是：

> 热衷于教育，
>
> 通过写作、网络、演讲，
>
> 他在中国崛起的时代，
>
> 帮助了众多青年学生，
>
> 他们亲切地呼唤他"开复老师"。

当写到这段时，只觉得第二个目标有意义，并且因自己为这么无私的目标努力而感到自豪。病中反思，才看到自己的盲点：我发觉，原来我看重的不仅是做了什么、有什么贡献，墓志铭其实让自己陷入了"生前身后名"的枷锁中！

其实，成为"科学家、企业家，把繁杂的技术转换成为人人可用、人人获益的产品"，确实是我想做的，也是我做得到的；"热衷于教育，通过写作、网络、演讲，帮助了众多青年学生"，这也是我最有热情，而且愿意终身全力以赴的。但我哪怕只存着一点点念头，希望将来人们如此记得我，我的心、我的做法就都不纯粹了。这才是根本问题所在。

史学大家钱穆先生送给父亲的条幅"有容德乃大，无求品自高"一直挂在我的客厅，跟随我漂洋过海，又跟着我回到自己的家乡；仿佛父亲耳提面命，随时在我身边叮咛、提醒我。但是，我居然充耳不闻，因为我打从心底里是"有求"的，最要命的是，我还自认为"无求"！我没有要求什么回报，我只是喜欢被热情的粉丝簇拥着、喜欢一打开电脑就看见蜂拥而至的粉丝响应。所以，我做的许多事，其实是有条件的，我算计着各种成本，衡量成败得失；我并没有为所当为，随缘去做我做得到，而且我也想做的事。

循着这个线索追溯我的所有"偏差行为"，我发现我太在意别人怎么看我了！我想要把自己塑造成某种可以留存在别人心目中的形象。这种心态，说好听点儿是"爱惜羽毛"，其实就是爱面子、好名声，这大概就是我根深蒂固的"中国情结"吧！

中国人好名声，不知道是不是受到了孔子说的"君子疾没世而名不称焉"影响。连孔子都这么爱惜自己的名声，更何况凡夫俗子？千百年来的知识分子就被这个牢笼套住了。在台湾民间讲学超过一甲子的爱新觉罗·毓鋆就说："这句话不知害死了多少人，许多读书人乃成'千古文章，千古贼'。"确实如此，我猜孔子可能只是一时说走了嘴，不小心泄露了心底的焦虑感，当场被学生恭恭敬敬地记录下来。也许孔子要的是"名副其

实"，不是要当世当时的名声，而是后世名声，但说穿了，即使要的是后世评价，那也就是要一篇墓志铭吧！

孔子确实是一位名垂千古、流芳百世的圣人，他用穿越数千年的眼光看待自己的思想将会产生什么样的影响力，所以他会用后世评价来看自己还有哪一项使命尚未完成。因病觉悟后，我不再在乎这些。我不认为再过50 年，这个世界还会有人记得我！我也不在乎是不是还有人记得我，因为那都不重要了，我现在最在意的是，我能否让身边的人感受到我的温暖、善意；我是否能够不问智愚优劣、毫无差别地对待每一个跟我有缘相见的人。

我曾经梦想在中国创办一所世界一流的大学，以便提升中国的教育竞争力。那段时间，我对教育非常投入，希望余生专注于努力办好一所大学；我也认为那是我能够发挥最大影响力去帮助中国青年的方法。2004 年，我带着写好的计划书，信心满满地求见大陆、香港、台湾各地的富豪，希望他们能捐赠赞助这项计划。但是到处碰壁。后来，一位香港富豪却给了我惊喜的回馈，他不但承诺捐出一大笔资金，而且还拒绝学校以他的名字命名。他说："我们应该给它起个很普通的名字，当有一天我不在这个世界上了，而你需要募集更多的钱时，你可以把命名权交给下一位捐赠者。"

他跟父亲一样是践行了"有容德乃大，无求品自高"的人，虽然后来因为种种原因，学校没办成，但他慷慨、无私的品格，却永远铭刻在我心里，像一盏明灯照耀着我；在我迷失方向的时候，成为我的指南针。他不在意能够拥有什么，只在意自己在适当的时机能做些什么。就如一句西方谚语所说的："The richest man is not he who has the most, but he who needs the least"（最富有的人不是拥有最多，而是需求最少）。所以，我总是鼓励自己，我是不是可以学习他的态度，继续投身教育事业，为中国教育做点儿什么。我也确实往这个方向努力了，不论是在微软、谷歌，还是在创新工场，我都没有忘记这个心愿。

然而现在，我却从我的"墓志铭情结"里发现，即便是"想要留下什么"，也有一个小陷阱，一不小心，就会成为一种欲望，一种"求"，会让我的心念不纯粹，做法上就难免有瑕疵。其实，不论生前身后，名都是一场梦！就像苏东坡诗云："人生到处知何似？应似飞鸿踏雪泥。泥上偶然留指爪，鸿飞那复计东西。"连身后名都可以抛开，功成身退，把一切功劳还诸天地，这个"光明远景"让我怦然心动，虽然我现在还差得很远，但"虽不能至，心向往之"；就像一个登山客望着遥远的山巅，虽然路漫漫而修远，但只要持续向前，即使此生未必能抵达目标，至少我仰望过、知道有这种境界存在。

06

放下骄傲

打破了墓志铭情结，我身上的负担不知不觉地轻多了。一天早晨，我外出散步时，又遇见了那位扫落叶的老人。

我常遇见他，刚开始还以为他是负责那个区域的环卫工人，后来才听说他是附近的住户。每次同他擦肩而过，他总会跟我打招呼。那天，我主动停下来向他道谢。我说："谢谢你！这条路每天都扫得很干净，都是你的功劳！"他停下来对我一笑："唉！你不知道！我的心是脏的，所以我总是看到脏的一面，我是在扫我自己的内心啊！"

他的话着实让我吓了一大跳！一位貌不惊人、再平凡不过的老人，竟然说出这么平实而又发人深省的话。

也许是我在台湾养病期间的生活比较从容、悠闲，也许是我看清了过去对名声的追求是多么虚妄，我现在更容易从许多寻常百姓身上看到很多优秀的品质。那位老人如此，我遇到的许多出租车司机、公交车司机，或是餐馆的服务人员也是如此，他们都亲切有礼，谨守着自己的岗位，兢兢业业。

当我拥有千万粉丝的时候，我其实看不到这些个别的"人"，我只看到我自己。再往深处探寻，我的本性里有一个埋藏得很深的东西——骄

先铃的心思澄净、透亮，把一切都映照得清清楚楚

傲。那是比好名声更具伤害性的东西。

父亲很早就看出我有这个毛病，所以他在写给我的信里再三提醒我，切莫骄傲、骄兵必败。在我很小的时候，母亲就曾因为我夸言"我连九十九分长什么样子都没见过"，重重地惩罚我，要我谨记谦虚才是美德。可是这种根深蒂固的习性，没有经过人生大痛的震荡、磨炼，确实很难改。即使一时有所体悟，也不可能马上烟消云散；一段时间后，可能又通过不同的事情冒出头来。只能一次又一次地提醒自己、看住自己。

在五个姐姐中，五姐开敏可能因为也在学术圈，所以她最能体悟父亲的生命情怀。她告诉我，父亲个性温和，但其实他在某些方面是很严厉的。她最无法理解父亲的一点，就是父亲常会给我们几个打分，当时她都已经四十岁了，在工作上虽然表现优异，备受肯定，但父亲最高只给她八十分。我没经历过这一段，她却有一段时间颇受困扰、对自己很泄气。幸好她后来成为咨询辅导专家，自己慢慢化解了那段委屈。

从教育的观点看，我确实不赞成父亲给孩子打分。但是，在理解了父亲一生如何"严于律己"之后，我慢慢体会到，这是要让我们对自己有最严格的自我期许。这个分数不是外在评价，而是内在的自我审视。所以，在我犯错时，父亲让我"看看自己有什么感觉"。只要自我审视的能力还在，任何言行偏差都能校正过来，不会迷失太远。

生病之后，这个自我校正的开关似乎就打开了，我身边的很多机缘也一触即发，内在的明灯一盏一盏地亮了起来，一步一步把我引向正确的方向。

当和朋友谈到父亲给我们打分的故事时，朋友告诉我，这大概是缘于长期在中国民间流传的"功过格"概念，有点"吾日三省吾身"的意思。他还说，已故儒学大师唐君毅先生晚年曾给自己的一生打分，他认为自己不及格。原因是他在病中自我反省时发现："吾自负能超凡绝俗，乃益见吾之同侪之凡俗。吾之傲慢，遂潜滋而暗长。"

也就是说，当一个人自命不凡、自视甚高时，其实就是把同辈人都看扁了；然后越是这样，高傲、骄慢之心就会越来越膨胀。所以，当我企图"改变世界"时，我就有了"世界不完美"、"我有能力改变世界"的假设；而这种企图心的背后，其实还有一种更为不堪的心态，就是"我比这个世界上的大多数人优秀！""这个世界上有很多人需要我来'拯救'！""我要惩恶扬善，救济天下！"这种"救世主情结"，很可能来自我潜意识深处的傲慢——虽然我表现出来的可能是热心助人、热心公益和关注时事……

2005年年初，我又在微博上发布了一段乔布斯2005年在斯坦福大学毕业典礼上的演讲视频，并写道："每年都应该看一次。"那天，我也重新看了一次。

这场演讲最耐人寻味的是他的最后总结："求知若渴，虚怀若愚"（Stay Hungry，Stay Foolish）。刚开始，我对下面这段话尤其感到心有戚戚焉：

> "你的时间有限，所以不要为别人而活；不要被教条所限，不要活在别人的观念里；不要让别人的意见左右自己内心的声音。最重要的是，勇敢地去追随自己的心灵与直觉。只有自己的心灵和直觉才知道你自己的真实想法。其他一切都是次要的。"

那时候，我刚刚跟谷歌展开接触，准备离开微软到谷歌发展，后来的微软官司风暴都还很遥远，我的内心被"勇敢地去追随你的心灵与直觉"这句话鼓舞，因为这也一直是我不断向前的准绳。乔布斯虽然病得这么重，还能保持"求知若渴、虚怀若愚"之心，而且他也从未离开工作，这种强烈的企图心与奋斗精神，确实引起了我的深刻共鸣。

可是，当我在鬼门关转了一圈回来后，我从乔布斯的演讲中看到的就不仅仅是这些了。尤其是当我将比尔·盖茨2007年夏天在哈佛的演讲也重新看了一遍之后，我发现，修过死亡学分的乔布斯和没经历过生死劫难的比尔·盖茨相比，两者的生命力道还是不一样的。

盖茨退休前是个热爱竞争的人，他通常将每一次商业竞争当作一场比赛，开会的时候希望能尽可能多地挑出部属的毛病，看到竞争对手就忍不住手痒……他的习性也让整个公司陷入最大化商业价值的怪圈，但微软垄断案使他遭受巨大的打击。他的英雄形象被美国司法部描述为霸道无理，这使得他决定慢慢淡出科技界，他几乎把全部财产捐献出来，开始投身慈善事业。盖茨在演讲中畅谈如何促进人类社会的公平，慷慨陈词，令人动容。所以，一般的评价认为，盖茨的改变比乔布斯更具体、更无私，也更明显一些。

我曾经也是这么认为的，然而生病之后到现在，我对他们二人又有了新的认知。

盖茨做的事确实了不起，但是他看问题、做事情的方法，还是沿用了他掌管微软时的习惯。他用他的智慧找到"对手"，例如：贫富不均、病毒等"坏东西"，也挑出对手的弱点，然后用他的好胜心和执着、努力，直到战胜对手为止。所以我们都为他喝彩，把他作为"富人行善"的典范。

乔布斯在工作会议中突然从椅子上滑落倒地的视频，曾被人嘲讽他到死还不忘工作。但深悟禅机的朋友却淡淡地说："等修行到和他有同样的境界时再嘲讽也不迟。"我自己病后对于他的那句"Stay Hungry，Stay Foolish"有了不一样的解读。

在死亡面前，人们最终都会把所有注意力转回自己身上，我的一生到底怎么了？生命是什么？这种关乎自身的重要问题，会让人从"慨然有澄清天下之志"，"反身向内"，把关注的焦点转回到自己身上。每个人都会选择一种观察世界的角度，至少我从乔布斯身上看到的是，他更专注于自己所热爱的工作，不太理会这个世界如何评价他；尽管很多人觉得他骄傲自大、目中无人，他也无所谓，因为他不愿意花时间取悦世人，他只在意如何满足自己对生命无穷的

有妈妈坚定的支持和家人做后盾，让我能安心面对人生难料的起伏

探问。而他的那句"Stay Hungry，Stay Foolish"，意在表明"永葆初心"，人生尽管迂回多艰，但永远要"莫忘初心"，如泉始发、如婴儿般对未知保持开放的心态。

所以，比较起来，我觉得乔布斯更有智慧，更有初心。也许正因为修过死亡学分，所以眼界自然不同。

世俗的成功，很容易让我们自以为高人一等，殊不知这只是"小聪明"，甚至可以叫作"世智辩聪"，是学习佛法的八种阻碍之一，会遮蔽我们开放自己、接受更多信息的可能性。

我不知道在未来的人生中是否能将"骄傲"从我的本性中彻底拔除，至少目前，我看见它了，我会随时提醒自己，也希望朋友们能随时提醒我。

07

学会感恩

要把"骄傲"从我的本性中一点一点拔除，很重要的一门功课，就是学会感恩。因为唯有感恩，才能把盘踞在我心里的"自我重要感"去除，让自己走下高台，走入人群，与大家融为一体。

对我来说，这也许是我这一生最重要的功课。我从小受宠，父母宠我，哥哥姐姐宠我，连老天爷也宠我，给我提供了许多优越的条件；我喜欢跟聪明人在一起工作，我习惯用效率计算一切……

刚发病时，德亭不知道该怎么安慰我，但她告诉我："Everything happens for a reason."（一切事物的发生皆有其理由）。那时候她正处在各种青春的风暴当中，状况还不像现在这么稳定。但她这么一说倒是提醒了我，不需把每件不如意的事都看成一个"果"，好像我们做错了什么，所以遭受惩罚。我们所有的遭遇，必有其道理，或许这个灾难是一个"因"，是让自己学习成长的机会。好比生病可能点醒我们应该活得更健康；受苦使我们更珍惜美好的日子；无助让我们学会接受不能改变的事情；面临死亡能教会我们分辨哪些是真正重要的事情。

她送我的话，成为我当时最大的宽慰，让我在愤怒、焦虑、绝望之中，还可以静下心来感受疾病的善意；而且，最终也改变了我看待疾病的态度，让我能从疾病中领取一份神圣的礼物。所以，我在患病初期就知道了应该感恩这场疾病带给我的机会，让我重新省思过去的生活；否则，我很可能会把它当作十恶不赦的敌人。这场病告诉我：不要把每件不如意的事都看成一个"果"（像是自己做错了什么，受到惩罚），而或许这个灾难其实是一个"因"，是让自己学习成长的机会。

学会感恩疾病之后，我就不再质问："为什么是我？"当心中那种随着强烈的自我意识而来的抗拒之心渐渐软化，我反而开始自问："为什么不是我？"我发现，癌症面前，人人平等；而我，褪去了过去所有的光环、头衔，不过就是一个肉眼凡胎的普通人。在病床上饱受病痛折磨时，我曾绝望地哀求上苍：让我舒服一点儿、让痛苦尽快离开我，我愿意用过去所有的成就来交换片刻的安宁……但疾病、痛苦、悲伤不会因为你是某某人，曾经有过多么了不起的成就而对你特别宽容；我和所有人一样，完整地经历了一切。在医生、护士眼里，我和每一个病人都是一样的；帮我找血管、打针、抽血的时候，不会因为我是某某人，他们就更容易找到

和两个女儿在加州的家中

血管；因化疗药物导致的末梢血管硬化，也不会因为是我，情况就能稍稍缓解……

疾病让我领悟到什么是"众生平等"，然后，我才开始看见、理解，并接受每一个人的不同；而过去大家对我的好，我不是视而不见，就是认为理所当然，像我的家人、我的父母和哥哥姐姐，我的同事、不远千里来看我的友人、为我许愿分担痛苦的好友、为我每天祈祷的微博网友……现在，我常想自己何德何能，可以受到这么多温暖的照顾。

感恩真是一种奇妙的力量！我只不过是开始发现了别人的好，这个小小的改变，就让我比过去任何时候都觉得幸福。

而且，就像泉眼一旦打开了，泉水就会喷涌而出！接下来，我还发现，"感恩"有几个层次的区别。第一层是想到"亲人对我这么好，我好感激"！第二层是"我为什么没有回报他们"？"投桃报李"、"滴水之恩，必当涌泉相报"！这是做人应有的态度，不懂得回报就没有良心了。第三个层次就是主动付出关心和爱。先铃就觉得我生病之后更能主动想到哪个亲戚可能需要帮忙。出去旅行时，会想到适合每一个人的礼物等。这在过去几乎是不可能的，因为我的心压根儿不在此。

最后是付出之后不求回报，也完全不在乎是否会得到回报。因为我为一个人付出了爱与关

孩子一天天长大了，做父母的还能有多少时间和他们在一起呢？和死神擦肩后产生的急迫感是旁人无法理解的

怀，这个"付出"的行为就已经完成了，而我也只是在某一个时刻不假思索地做了该做的事。这有点儿像孟子说的，看到小孩子将要掉到井里，任何人都会马上出手援救，不会思考这孩子跟我有没有关系！我觉得这才是"感恩"的最高境界。因为它已经不是针对某一个特定对象，而是真切体察到这个世界上的每一个人、每一个生灵都是命运共同体；甚至是我们的集体意识形成了世界的样貌。中国古代的皇帝遇到天降灾祸时便要下"罪己诏"，坦承是自己为德不卒，触怒天地神灵，形成了灾难。这虽然有点儿迷信色彩，但我觉得更深层的意义是，就像蝴蝶效应一样，天人合一，人的集体意识或行为，引发了一连串的变化。所以，若要改变世界，就要改变自己，让自己保持正向的意念。

最近一项震惊世界的医学报告表明，癌症只有一小部分是生活不当所致，大部分则是没有特定成因，全靠运气。我相信不是没有原因，而是"还没找到原因"，或者说，癌症的成因是无形的——很可能就是某一种负面情绪、意识。就像科学界也证实了这个世界有 96% 的暗物质是看不见的。

我是一个搞科研的人，自从开始相信这个世界还有很多现象是科学无法解释的，这对我而言，不得不说是一种解脱。我不再紧张兮兮地斤斤计较利害得失，我更愿意倾听内心的声音，做没有任何目的的付出。就像印度哲人克里希那穆提所说的：

> "如果你刻意去做一个好人，那善良之花不会绽放。如果你刻意培养谦恭之心，结果也只会令你失望。善良和谦恭恰如一缕清风，会从你偶然开启的窗户翩然而至，但你若是有意敞开门户恭请大驾，它永远不会眷顾。"

学会感恩，让我从内心里感受到平和与爱，这种爱，来自于我的亲

知道我病了，我的许多朋友飞到台湾看我

人、朋友之间的关怀，也来自于我与万物、众生的一体感。于是，我不再批评这个世界存在的许多缺陷，我只相信，所有的生命都在不断学习、成长；而所有的缺陷，也都是在趋向圆满的过程之中。就像佛教徒相信每一个人都是"未来佛"；不断轮回的人生，就是来学习有朝一日可以像佛一样成为觉悟的人。这和我病中读《与神对话》归纳出的逻辑是一样的，爱有来生，人生未必只有一次，何必只争朝夕？

过去因为相信人生只有一次，所以要竭尽所能"做最好的自己"，否则就失去上天堂、得永生的机会了。但生病之后，我越来越觉得生命之中有很多东西完全无法用科学解释。人与人之间的缘分就是一例。

有句话说："宁可悲天悯人，不要愤世嫉俗。"这其实就是"感恩"的具体实践，把人间的一切圆满或残缺还诸天地，用无比的耐心，等待众生成熟。不说它在心理、灵性方面的益处，就说对健康的好处吧！能够原谅伤害你的人，实际上对健康的益处也是不可思议的。美国加州大学圣迭戈分校的研究员做了一个实验，选取200人分为两组，回忆不快往事。在回

永远相亲相爱的一家人

想时，以包容、宽恕的角度看待过往恩怨的那一组，血压升高变化较小。以愤怒、怨恨的角度看待过往恩怨的那一组，则会使血压升高，而且休息5分钟后血压还处在高点，甚至可能增加心脏病发的风险。

心打开了，眼界自然也打开了，既然相信每一个人都在持续成长中，那么，对于过去曾经伤害我、打击我的人，我不仅宽恕他们，也感恩他们。因为他们是在不够完满、不够成熟的状态下，可能内心还有恐惧，还有很多欲望，所以才做出了伤害别人的行为。

而我在对人性失望、质疑之后，渐渐从中提炼出这样一种体会，反而使我对各种负面行为充满了同情和理解，让我的内心更为强大。最后，那些伤害不但渐趋消散，我还可以怀着深挚的祝福，希望他们早日脱离恐惧的威胁，让自己更趋圆满。所以，曾经对我伤害至深的微软官司和癌症，于今看来，也是我生命中的无上恩典。

08

生命是最严厉的导师

我在加入谷歌的第一年曾遇到过几次特别棘手的挑战，但是我都能勇敢面对，而且能在员工士气低落的时候帮他们打气、加油，甚至还用诙谐幽默的方式鼓舞他们。有一次，谷歌员工在谈到"开复最独特的领导力"时，有人提到了"开复的无惧"。

微软官司让我的身心得到刻骨铭心的锻炼，有好长一段时间，我确实觉得生命中再没有什么事情可以吓倒我了。但是，经过这场疾病之后，我才发现微软官司简直是微不足道，生命还有更大的领域是我们未曾涉足的。能不能真的无惧？我真的不敢说，但是，我相信，我已经有能力将每一段经历转化成一种重要的人生学习，让我的生命可以不断地得以提升和进化。

也许是跟死神打过照面，我对生命的课题越来越感兴趣，很多信息也接二连三地来到我的眼前，帮助我打开视野，去探索更多的未知。

我在视频网站上看到艾妮塔·穆扎尼（Anita Moorjani）分享她死而复生的体验。她原本全身长满了肿瘤，在濒死边缘昏迷不醒，连医生都宣布放弃治疗了，但她却奇迹般地苏醒过来，而且全身肿瘤不药而愈。现在她巡回各地分享自己的经验，她谈到，在濒死昏迷时，虽然全身器官已经

在Google中国期间，是这些优秀的员工和我一起迎接了许多棘手的挑战

停止运作，但她的意识却异常清晰，她可以清楚感知所有人的感受，包括不太熟识的医护人员。她觉察到自己跟所有人仿佛都是一体的，她被一种无条件的爱包围着、拥抱着；而这种爱，比她在人世间曾体验到的任何一种爱都要更强烈，而且她不用做任何事情来证明自己就可以得到它。

在濒死时刻她领悟到，人生可以：（1）用无条件的爱来爱自己；（2）无惧地过日子。艾妮塔·穆扎尼的经验再次向世人展示了生命的奥秘绝非目前的科学可以解释。我在《陪伴生命》（*The Grace in Dying: How We Are Transformed Spiritually as We Die*）这本书里也读到对临终前类似经历的描述。作者凯瑟琳·辛格（Katheen Dowling Singh）在安宁病房曾陪伴数以百计的人走过临终历程。她观察到，病人从得知自己的癌症已药石罔效，必须准备面对死亡，直至最后踏上死亡之路的历程，其实是一段从悲剧走向恩宠的道路。因此，死亡其实是一个将自我彻底消解的能量蜕变过程，是物质肉身的能量转化，使人回归到另一种能量体系。说得更直接一些，伴随着死亡而来的肉体消亡，"个体之我"的意识也消解了，此时反而是精神、意识回归到宇宙整体大我的契机。这就是数千年来人们通过各种宗教、哲学、灵性修持等手段想要达到，却只有极少数人可以抵达的开悟状态。

我从亚历山大医生的那本《天堂的证据》中看到，一位神经外科医生因为感染脑膜炎，几乎脑死亡，经过七天濒临死亡的昏迷后，奇迹般地醒来。他用医学知识证明他的复活应该是奇迹，于是着手写作《天堂的证据》一书，描述这七天他灵魂脱壳的天堂体验。他描述的天堂是没有时空概念的，只有三条规则：（1）你没有恐惧；（2）你不怕犯错；（3）你被爱拥抱。

经过七天"有知觉的昏迷"，亚历山大领悟到：人在世间是为了灵性的成长。所以不能相信宿命论，必须拥有自由的选择。既然要让人们有所选择，世界上就不能只有善良，必须也要有邪恶，好让人们分辨善恶，学会选择。

少数网友问我：你曾是科学家，怎么会相信这些没有证据的说法？我的回答是：（1）作者是著名神经外科医生，对人类陷入昏迷状态的分析研究是有科学深度的；（2）这本书是最近的畅销书，作者的文笔深刻感性，好书当然值得一读；（3）无论是进了天堂，还是只是做梦、幻想，我相信作者是真诚的，写的也是他个人的体验；（4）看了书并不代表一定要相信，信与不信完全由自己判断。

这么多真实的体验都指向一个神性的状态——这个世界是我们修炼灵性的大教室，我们的所有遭遇都是教材。所以，我们应该不带恐惧地参与我们的生命。

想想看，如果我们来到世上都是为了学习，而且我们是各自选择一种人生模式来进行学习、磨炼自己的灵魂。例如，有人选择辛勤工作却又郁郁不得志的人生，有人则选择家财万贯、春风得意的人生……那么，我们将从我们的人生角色中学到什么呢？我们身边的每一个人都是我们的"同学"，生命的每一个时刻都充满了值得品味、咀嚼的意义。就像巴菲特所说的："每个人都是上帝安排到人间的天使。他们的存在，都有一定的道理，并不是可有可无的，尊重身边的每一个人，就是尊重上帝。"

我觉得这些对神性的领悟未必是宗教信仰，应该说是一种人生哲学。如果我们相信，人生不止一次，灵性的生命绵延不尽，而且与大宇宙是连成一体的，我们就会更愿意不断地修炼、提升自己。就算最终我们的假设是错的，人生真的会随着心跳停止便戛然而止，但是以这种人生观形成的社会，相对于一个充满愤怒、充满竞争、浮躁的社会，必然是更好的。就像稻盛和夫所说的："不论你多么富有，多么有权势，当生命结束之时，

罗马附近的码头　（李德亭摄）

所有的一切都只能留在世界上，唯有灵魂跟着你走下一段旅程。人生不是一场物质的盛宴，而是一次灵魂的修炼，使它在谢幕之时比开幕之初更为高尚。"

孔子说："未知生，焉知死。"在台湾推广生死哲学教育的傅伟勋教授说："未知死，焉知生？"修过死亡学分，我看待生命的角度已经很不一样了，我享受这种改变，我知道我之所以来到这个世界上，绝对是有意义的，就像每一个人的存在，都在肉体生命之外，有一个圆满自足、人人平等的、灵性的生命。因此，人类不是孤独的存在，而是集体的存在。我们的群体意识会让世界更好或更不好。比如，希特勒的崛起并不是他一个人造成的，而是当年德国的集体意识，甚至是世界的集体意识造成的。所以，我们更需要谦卑地学习这一生有缘学到的东西。修过死亡学分，我的世界更开阔了，我将无惧地迎上前去。我未来的人生不再汲汲营营、匆忙赶路，我会好好享受每一个当下，仔细聆听生命要传达给我的信息。我也知道自己是一个还有各种缺点，但会努力上进，使自己一天比一天更圆满的普通人；我还有与生俱来的欲望和恐惧，但我不会避开它们，也不想驯服它们，我会与它们和谐共处，并试图从中获取更大的力量，因为生命的欲望是一切力量的根源。

此外，我也相信上帝或神性的存在，或者有一个更高的宇宙意识，也许是它们安排、布局了世界这个"大教室"；但是，我更相信人是有自由意志的，人可以决定自己的命运，要向下沉沦或往上提升，全凭自己做主、选择，绝对不会像棋子般被操纵，也不会是某一个神的"玩具"，听任他给我赞赏或惩罚，让我上天堂或下地狱。所以，就像道家修炼者说的"我命由我不由天"，我们可以"逆夺天地之造化"，改变命运，创造更好的世界。

如果要对我所修习的死亡学分做一个总结，我会说，过去我认为"做最好的自己，让自己每天比昨天进步""最大化影响力，让世界因你不同"
这两句话，不见得是错的，只是我把一种美好的自我期许，变成一种朝夕
必争的生活方式。如果要保留这两句话的正向精神，停止让人分秒必争、
把自己变成一台机器，我会这么修改："体验人生，相信感觉，追随你心，
世界将更好。"但不必衡量影响力，因为一个人太渺小了；更不要把优化
你的影响力当作一生的追求。其次是"体验世界，提升自己，让自己更富
有经验和智慧。"但不必衡量每天的进步，小心潜在的竞争心态。

　　然后，我要再次强调，人生何必在乎自己留下了什么，更重要的是：

　　（1）我们是否凭着良心做每件事？如果每个人都这么做，世界是
否会更好？

　　（2）我们是否用无条件的爱来对待周围的人？

　　（3）我们是否能够真诚对待自己，然后真诚对待别人？

　　（4）我们是否真诚体验人生、享受世界的真善美？是否度过有所
学习、成长的人生？

　　（5）那些和我们特别有缘的人，打从心里特别喜欢的人，我是否
感恩他们？我是否曾花最多时间和这些有缘人在一起？

　　（6）如果人生真要留下什么，那就为世界留下心存善念的孩子，
让他们一代又一代地将世界的希望与爱传递下去。

第三部分

最有价值的人生

01

每天都是"最特殊的一天"

那天，午饭后小睡片刻醒来，突然想起老友，便拨电话过去，他也刚好有空。大约一个小时后，我跟先铃就按响了他家的门铃。

老友夫妻俩热情地招呼我们在小院里坐下。秋日的午后，阳光不燥，温度也刚刚好；几棵桂花树正开着花儿，淡淡的香气似有若无地飘散在微风里。朋友把他的躺椅让给我，我半躺着，眯着眼，舒服得五脏六腑都松开了似的。朋友端了茶来，我闭着眼说："你什么时候变得这么会过日子啊？两三棵桂花树，加上这躺椅！唉！"

"你又不是没来过！那些桂花树在我家种了快十年了吧！"朋友的妻子是个直性子、亮嗓门，她端了一盘切好的苹果出来，一句话让我心头一震。朋友坐在我旁边，半怒半笑地说："啥？你居然现在才发现！这躺椅可是我的宝座，早就不知让你坐了多少次，真是白白浪费了我的心意呀！"

"是是是！我是木头人。"我尴尬地笑着回话，继续躺在椅子上。我当真不知道他家种了桂花树，也从没注意过坐在那躺椅上是什么滋味……

美好时光，稍纵即逝

午后的阳光斜斜地晒进来，暖洋洋的。台北的秋天真是舒服！天空蓝得让人有点儿恍惚，空气像是被洗过似的，到处透亮透亮的，再被桂花的香气一熏，到处都弥漫着慵懒的、散淡的甜香。我住过那么多城市，从来没有觉得这么闲适、这么惬意。大概是心境不同吧！我想。过去真的没有停下来过，即使下了班或在度假中，我的脑子时刻都在思考事情，人在心不在，只专注在自己追逐的事情上，对于周遭的种种通常浑然不觉。

还有一回，德亭邀我们去淡水看夕阳。那天的夕阳真的很美，渔人码头上游人如织，街头歌手嘹亮的歌声随着晚风吹送飘扬。一切都美好极了，我们手牵手走在一起，德亭像只小麻雀似的，开心得叽叽喳喳地说个不停。但我跟先铃每隔一会儿就忍不住拿出手机，查看是否有最新信息发来。一次、两次，德亭都没说话；三五次之后，她终于提出严正抗议："天哪！我好不容易把你们带到风景这么美的地方，夕阳马上就消失了，你们不好好欣赏，却在那里看手机！"

我跟先铃赶紧讨好地将手机收起来，不敢再拿出来了。但是德亭乘胜追击，接着说："我也会看手机啊！可是我不会在这种地方、这种时候。美好的风景、美好的时刻稍纵即逝，过去了就回不来了。"

蜕变（李德亭摄）

先铃看起来柔弱，但在大事面前，她总是非常坚强

我吃惊地望着她，这个爱玩儿、整天变着花样探索新奇事物的女孩儿，什么时候开始有了这么严肃、深刻的体会？

人生无常，生命充满变数，我们常这么感叹！时光稍纵即逝，当下的美好不好好把握，往往就会永远错过。无人不知这个道理，可是，却很少有人真正放在心上。

前些日子我注意到一则消息，台湾成大医院院长林炳文罹癌后，原本以为控制得很好，却突然复发，匆促病逝，享年61岁，医界好友都相当震惊。我在微博上转贴了一篇深获我心的文章，标题是"今天就是特殊的日子"。林院长的猝逝让作者感慨不已，因而分享了他知道的一个真实故事：

> 多年前，我遇到了我的一位同学，那时他太太刚去世不久。他告诉我说："我在整理太太的遗物时，发现一条丝质的围巾，那是我们去纽约旅游时在一家名牌店买的。"
>
> 那是一条雅致、漂亮的名牌围巾，高昂的价格标签还挂在上面，他太太一直舍不得用，她想等一个特殊的日子再用。
>
> 讲到这儿，他停住了，我也没接话，过了好一会儿，他才继续说："再也不要把好东西留到特别的日子才用，你活着的每一天都是特别的日子。"……

我的新人生观

这段话真是让我心有戚戚焉！在经历了大病折磨，与死神擦肩而过的震撼之后，我常常在想，怎样的人生才是没有遗憾的人生？

我的体会是：（1）拥有健康；（2）创造"难忘时刻"；（3）尽力做好自己，不必改变世界；（4）活在当下。

"留得青山在，不怕没柴烧。"健康无价，这虽然是一个快被嚼烂的观念，可是它确实是真理。没病没痛的时候，无法体会"英雄最怕病来磨""病时方知身是苦"究竟是什么境况。

病痛虽然很难承受，但或许疾病也是被一个人的深层意识召唤而来的。如果长期的紧张感与压力无法纾解，生命的原始本能就会想办法强迫你休息；如果你还不懂得调整身体，它就会全面罢工。

姑且不论这个说法有没有科学依据，至少我自己确实是因为身体的强烈抗议，被迫彻底休息了一年多，身心得以大解放，现在每天睡到自然醒，可以悠闲地用餐和散步。

只不过，一开始我根本不知该如何放慢脚步过日子。长期习惯了冲刺、赶场，吃饭的时候也是狼吞虎咽，出门散步时脑袋里还忙着想事情，甚至为此扬扬得意——看我多么懂得善用时间！

一次次的警醒练习，让我渐渐学会和自己的身体相处，顺应它的需要，而不是把它当作追寻梦想、满足人生目标的工具。所以，"一个星期只能工作3天，一天至少睡7个半小时，中午最好睡午觉"这种自我规定，也从初始的半强迫性质，过渡成为自然而然形成的习惯。

我们在爱里相遇

创造难忘时刻

其次，要拥有无憾的人生，就要记得随时创造"难忘时刻"，不管是为了家人、朋友，还是为了自己。生病之后才深刻体会到，过去我只是利用工作之余、心不在焉地陪在家人身边。脚步匆匆，时间一过，这些平淡的相聚时刻，很快就被岁月的浪潮冲淡，没有留下任何能够不断被咀嚼、回忆的滋味。

这段日子，变换心境的我，觉得人生越来越饱满，一个个温馨甜美的难忘时刻，静静地丰富了我的生命。

譬如一个寒冷的下午，德宁要帮我们织围巾和帽子，于是邀全家去附近的毛线专卖店逛逛，挑选自己最喜欢的材质和颜色。我们一家四口人，把那家小小的店面挤得无处可落脚。她们三个女生像蝴蝶一般在琳琅满目的毛线团前面停下来，摸一摸、看一看，你一言我一语地互相讨论，时不时将毛线团递到我面前，问问我的意思。我陪在一旁，看着她们，心里却有一种说不出的温暖和满足。

还有一回，我约德亭一起出门散步。春天，满城的步行道树争先恐后地开满各式各样灿烂的花朵。最让人吃惊的是樟树，以前我完全没注意到还有这么美的树；德亭也不认识樟树，但她注意到路上那一大丛一大丛像云朵一样新鲜、漂亮的嫩绿，走近一看，发现满树都是淡绿色的小碎花，风起处，淡淡的甜香弥漫在空气中。德亭轻轻地说："这种感觉好幸福哦！"

有一天，我和先铃带着一个小箱子，到门口的一间小咖啡馆。那家咖啡馆很有情调，门口有辆南瓜马车。我们就坐在马车里，喝着咖啡。我跟她说："咖啡真的好好喝啊！"她笑着说："你以前都是当清醒剂喝的，哪有时间品尝味道啊？"我们从小箱子里拿出了我们的回忆，有两个宝贝小

开怀地和两个女儿嬉笑玩闹，是我人生中最疗愈的时刻

时候最顽皮的照片，有我写给我父母的信，希望他们同意我们"早婚"。那是一张黄黄的纸，上面还提到牛郎织女，让我们又回到了三十多年前。我还拿出来了一封假信，是当时我一个字一个字拼成的。因为当年她写的信不够浪漫，我把她写给我的几十封信复印一份，然后把影印的字一个个剪下，再拼成一封我比较满意的"情书"。每次看到这封搞笑肉麻的情书，她都会打我一下。这个下午，就在这样美好的回忆中过去了。

我们只是一起静静地享受了那美好的片刻，它就铭刻在彼此的生命里，散发出一道温暖的光彩。所以，所谓"难忘时刻"，不一定是特别美丽的画面，未必是烛光晚餐、鲜花钻戒，只要停下匆忙的脚步，在生活中的某个短暂片刻驻足，哪怕只有一分钟、吉光片羽的一刹那；只要那些和你在一起的人会牢记终生，而且每次想到那个画面，笑容就会不经意地浮上脸庞。创造难忘时刻也包括写信（请不要低估信函的重要性，我写给两个女儿的信，五十年后她们仍然会记得，而且会把它们当作珍贵的礼物留在身边）。人生很短暂，我希望用最美好的方式与亲人朋友相处，让那时光成为一种爱的分享，一种心灵与心灵的对话，这样才不会留下任何遗憾。

尽力做好自己，不必改变世界

过去我一直认为，一个人最大的成就就是"改变世界"。但是，当我不再关注如何"改变世界"，我发现自己调整了爱批评、挑毛病的心态，而把全部注意力都用来关注自己的身心健康，乃至言行举止。然后，也因为无时无刻不在感知自己、观察自己，每一天的每一刻都了了分明、无暇他顾。本来我一直最重视个人形象，现在，我只管做好自己，做事问心无愧，对人真诚平等，不求改变别人，只求改变自己，让自己每天都比前一天有所成长，于是，"形象"这个空壳子就完全没了意义，外界的批评毁誉，也都渐渐不在意了。

有一天，朋友通过电子邮件转发了一篇短文，题为"你若盛开，蝴蝶自来"，容我照录：

> 我们生命中的一切所愿，其实不应该用"追求"，而应该用"吸引"。佛说："有求皆苦，无求乃乐。"
>
> 曾经，有一个人为了得到美丽的蝴蝶，便买来一双跑鞋、一只网子，穿上运动服，追逐奔跑了很久，终于在气喘吁吁、满头大汗中抓到几只。可是蝴蝶在网子里恐惧挣扎，丝毫没有美丽可言。一有机会，蝴蝶就会飞走。这就叫"追求"。
>
> 另外有个人也很喜欢蝴蝶，于是他买来几盆鲜花放在窗台，然后静静地坐在沙发上品茗，欣赏蝴蝶翩翩而来，心情犹如吸蜜的蝴蝶。这就叫"吸引"。
>
> "追求"，是从自我的角度考虑，忽视了事物内在的微妙规律，所以常常事与愿违。"吸引"则是从完善自我、奉献自我出发，顺应了天理，投其所好，因而皆大欢喜。
>
> "你若盛开，蝴蝶自来；你若精彩，天自安排。"

这篇短文的结论所说，我完全赞同！

从前我活得太努力了，孜孜不倦、不敢有丝毫松懈，拼命追求最热烈的掌声。然而，这场大病让我明白，生命最重要的成就，其实是把自己内在独特的本质开发出来。我们应该花更多的时间，来挖掘自己内心深处真正想要成为什么样的人，做什么样的事情。否则，努力争取出人头地、唯恐落后、追逐名利的欲望就会像一头野兽一样，霸占我们的灵魂，很容易让我们像机器似的超速运转，有名还要更有名，有钱还要更有钱，看不到自己的初心，忘了我们孩童时代最想做的事情是什么。

其实，自我实现最"省力"的方法，就是不要被外界的价值观左右，竞逐别人的肯定，而是打开自己，每一天、每一刻，都让自己像吸引蝴蝶的花朵一样尽情绽放。

正如那天下午，我在阳光、花香里舒舒服服地打了个盹儿，在回家的路上，没来由地福至心灵，一个奇妙的点子在脑海中闪现，搁了好几天无法突破的一个企划案，居然被我想通了！敞开心，向内看，一切反求诸己，反而是阻力最小之路。

活在当下

在和德亭讨论未来方向的时候，我问她："你这么爱摄影，能不能说说，摄影带给你最大的快乐是什么？"

每一个时刻都是珍贵而独特的，享受那些人生中的小事吧。（李德亭摄）

　　"我跟同学出去，我发现很少有人注意到美的存在。很多人看见我拍的照片，也会惊讶地说：'好美啊！'……只要我指出来了，大家也可以感受到它的美。可见大家都喜欢美的事物，只是看不见而已。"她一边说一边想，虽然说得极慢，可是整个想法很完整、很清楚。

　　"你觉得这是你的特殊才能吗？发现别人无法发现的美。"

　　她迟疑了一下，笑着点点头："也许他们都有这个能力，只是没有注意到，他们太忙了，有很多东西让他们分心了。"

　　我望着她那张带有"婴儿肥"的脸庞，染得五颜六色的头发，还有在左手拇指和虎口之间文着"Stay Gold"字样的手，这个"小人儿"的灵魂里，竟有我现在才真切懂得的生命领悟：专注当下，发现眼前的美好。忍住满腔的激动之情，我故作平静，向她微笑着点头："很好！"

　　每一个时刻都是珍贵而独特的，千万不要让自己成为计划表的奴隶，

我生命中最爱的天使们

以为"忙起来就是好"，每天好多会议，没有一点闲下来的时间，好充实！其实，我们应该有机会更随性地做自己真正喜欢、能投入其中的事情，这才是善用生命。

不管是关注健康，还是创造难忘时刻、尽力做好自己，其本质都在于"活在当下"。我们都太容易分心，忽略当下的存在，因而错过了真正的幸福与美好。

我喜欢的一位小说家库尔特·冯内古特（Kurt Vonnegut）曾说过："享受那些人生中的小事吧。因为有一天，当你回头望，会发现它们一点也不小。"提醒自己专注当下，在生活细节中看见幸福的本质，用每一个用心体会的时刻，串起如珍珠般闪亮的生命。

这段日子的沉浸思索使我获益匪浅，为了提醒自己，也想分享给大家，我在微博上写下："不要凡事都贴上'不急'、'将来'、'找机会'、'还有机会'、'等特殊的日子'这类标签。活在当下，让今天就成为那个'特殊的日子'。把每一天都当作生命中'最特殊的一天'！"人生无论长短，只要这样去活，一定都会圆满丰富。

雾都暖阳（李德亭摄）

02

放开手，你就拥有全世界

2015 年春节后，我的治疗过程已大致结束，只剩最后几次三个月一次的标靶治疗，以及定期回诊。医生同意我适度重返工作，于是我先回到北京，之后飞往香港、新加坡，然后到欧洲拜访投资人，顺道旅游。前后总共花了 16 天时间。巧合的是，三年前我也在欧洲待了十几天，同样是拜访投资人，但两次的心情、境况却天差地别。

三年前，我用 16 天的时间飞抵 11 个城市。出发前，我要求同事精确计算，如何能在 16 天之内抵达最多的城市、见最多的投资人？如果在飞往下一个城市时，我乘坐最早一趟航班，是不是可以把行程排满？

因此，那趟行程我每天四点起床，匆匆洗漱打包，半小时出门赶飞机，然后展开紧锣密鼓的行程。我平均每天拜访两位投资人，有时甚至多达五位。每到一个城市，我就马不停蹄地赶过一站又一站。那时候，公司刚开始运营，我们募集到的资金还不够充裕；每当我面带微笑、语带幽默地和金主老大吃饭、喝咖啡时，我的神经、我的脊背，其实都是紧绷的。我像是过关斩将的关公，骑着赤兔马、提着青龙偃月刀，聚集了所有的精神、意志，急切地想在最短的时间内奋力一击，为公司建功立业。

打醒我的超级警报

讽刺的是，那趟行程中，我只有在苏黎世才能匀出三个小时空闲时间，让我可以"放松"游湖（当然，游湖时还要拍照发微博），到处走走看看，没想到，出乎意料的噩运随之降临。离开苏黎世之后，我便抵达日内瓦车站，却走错了门，正当我东张西望、按图找路的间隙，一泼水莫名奇妙地就从我头上淋了下来！一个路人立即热心地过来帮我擦拭衣服上的水，还试图脱下我的大衣。我一没留神儿，才一转身，另一个人蹿上来就把我的公文包抢走了。当我拔腿想追时，又出现一个路人佯装要帮忙，却横在那里挡住了我，没过几秒钟，他也飞奔而去……

三位北非大盗除了抢走现金、电脑、iPad，还得到一份创新工场的商业计划！回到北京后，我在微博谈及此事，尽管心中气恼，却不改幽默本色："但愿三位大盗从此改邪归正，速回北非，打造北非创新工场，既可帮助埃及、突尼斯革命后经济成长，又可归还瑞士曾有的从容安详。再建议三位打造创新工场一样的 40 人孵化团队，并起名'四十大盗'，以后东有阿里巴巴，西有四十大盗。"最后，我还加了一小段话，算是回应粉丝的关切询问："谢谢大家关照，我一切都好，刚重新办完证件。还是北京安全。不过被洗劫的一个好处是：我终于可以换苹果了。"

尽管在微博上故作轻松、谈笑以对，其实真正的境况是，当时我万分沮丧，更糟的是，飞抵最后一个城市阿布扎比，见过投资人后不久，从伦敦开始就隐隐发作的头疼，便排山倒海般袭来，像是有人拿着棒槌，每隔几秒钟就重重地敲打一下我的头！实在疼到受不了了，只好去看医生，却不幸遇到一个庸医，当作普通头疼开止痛药处理。结果，不但药没用，额头还冒出了红色的脓包。好不容易硬撑着回到了北京，才知道那是压力大的时候就会冒出来的带状疱疹。

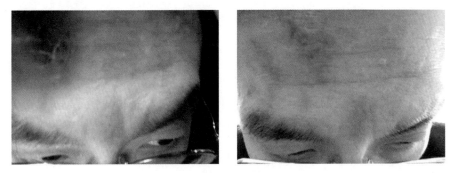

折磨人的带状疱疹

在三年前的那次旅程中，我的身体其实已经明确地告诉我——不能再这么玩了！你要效率是吧？好，你得拿东西来换！所以，我稀里糊涂地被抢了！然后，我的免疫力下降，得了带状疱疹！

我当时真没听懂身体传递出的信息，而是继续拼命、精打细算着效率；骑在马上，雄姿英发、顾盼自得。最后，被我逼得走投无路的身体，传递出一个超级震撼、让我无法忽视的消息：滤泡性淋巴癌第四期！

这次，我终于知道身体发出了严正抗议，如果再不理它，它就要弃我而去了！

迥然不同的旅行体验

三年后的欧洲之旅，同样是身负使命，但心态已然转变的我，要求同事一天最多给我安排一位投资人，其余的时间，我要从容地享受观光、大啖

想不到这次随兴的演讲，最后竟成了一次宾主尽欢、温馨难忘的回忆

美食，还要血拼购物，为我心爱的家人购买各种新奇的礼物，把带来的几个大皮箱装满……

有一天，我在伦敦市区闲逛，正要搭地铁转到下一站时，两个年轻中国人与我擦肩而过。不到两秒钟，他们一脸惊讶地转头又看了我一眼。我知道，我被他们认出来了。这是常有的事，我也习惯了，但有趣的是，他们跟着我上了同一班地铁，其中一个年轻人怯生生地移到我旁边坐下，先做自我介绍，然后说明来意。原来我那几天在伦敦活动的消息，早已通过微博传到伦敦的中国留学生耳中。他们正想安排我跟大家见面，举行一场演讲。

我略想了想，就说："好吧！可是，讲什么呢？你们想听什么？"

"我们都是留学生嘛！就给我们讲讲留学的事儿吧。"

过去我在国内的每一场演讲，都是经过公司的审慎评估、联系和安排的。除了要考虑安全因素，还要计算成本，看看场地多大、人数多少，以及我投入的时间可以发挥多大影响力。这么信马由缰、在旅途中联系上的一场随兴演讲，绝对是第一次。

以前每次正式演讲，虽然不用写讲稿，但是都会练习准备：拟提纲，精心设计每页PPT，还多次尝试挑选最佳动画效果，多次打磨主题，每个新演讲题目的准备时间都在40小时以上。相对来说，这次随性的演讲，没有准备，演讲大纲就写在购物袋上。内容虽未准备但是更精彩、更随意。

演讲中，我先劝在场的青年学子，留学不只是读书，一定要融入当地社会！我在读大学的时候，和一帮朋友混得极熟：你在我背后贴纸条，我就在你桌上黏硬币，有人半夜上厕所，却发现马桶被透明胶封住了。当你已经不觉得自己是个外国学生，和外国朋友开起玩笑来无下限的时候，你就学会了外国人的思维方式，世界观也得以提升了。

然后我们谈到时间管理，我问大家："女生没事就看韩剧，男生没事就打Dota游戏，在场有多少人是这样？"问题一出，全场鸦雀无声，无一人举手。我立即换了个问法："你们周围的朋友有多少女生没事就看韩剧，有多少男生没事就打Dota？"这下大家全都举起了手。

问答环节，在场的摄影系同学要求我和大家分享我给小女儿的建议，我说："关键就一句，你读完书我就不养你了！"逗得大家哄堂大笑。

话虽如此，我还是托出了如意算盘，大女儿当服装设计师总要找摄影师拍照吧，所以我时不时给她洗脑，"当了设计师，一定要带妹妹一起玩啊！"就这样，演讲内容虽未准备却更精彩，"笑果"浑然天成，我跟现场三百多位年轻朋友共度了一个愉快的夜晚，第二天的《华闻周刊》甚至刊出了一则搞笑、逗趣，又十分有料的报道。

没想到这么随性的演讲，居然可以比精心安排的演讲更能打动人心。

奇妙的偶遇

除了演讲，最有意思的是我与丹丹和大黄的"奇遇"。

刚到伦敦，我就拿着朋友提供的美食地图，先浏览一下Opentable（网上订餐平台），然后又打了一通电话到当地著名的米其林三星餐馆Gordon Ramsay（戈登·拉姆齐）订位子。很失望，他们告诉我已经客满了，下次请早点儿预订。"好吧，下次！"我心里想："还不知道是何年何月呢！"

人在身体放松、心情也放松的时候，走到哪儿都随缘自在、无入而不自得，这时似乎就打开

在英国"偶遇"的一对可爱夫妻

了一条秘密通道，与大宇宙的频率产生了谐振。"当你真心渴望追求某种事物时，整个宇宙都会联合起来帮你完成。"这是出自《牧羊少年奇幻之旅》一书作者的名言，我一直深信不疑，但一直没有亲身体验过。没想到，这次我只不过是真心想要去Gordon Ramsay餐馆吃顿饭，整个宇宙就联合起来帮我完成了心愿！

那天，我的微博有粉丝"丹丹"留言："开复老师好！敲锣打鼓欢迎开复老师来伦敦！求偶遇啊！开复老师在伦敦是否需要向导、助理、保姆、翻译、拎包的、开门的……？本粉丝主动请缨！求偶遇！"

隔了一个小时，我还没回复。信息又发来了："开复老师，跟您汇报一下，下周一晚上可以订到Gordon Ramsay的位子，你有时间吗？我和我老公大黄请你吃饭。"

我一看到信息就跳起来了，太神了吧！赶紧回信息："真能订到啊？奇怪，我在Opentable上订不到，打电话也订不到，你果然是地头蛇，比较厉害。你和你老公一起来的话，那我就改改行程……"

就这样，我如愿享受了美食，还结识了一对可爱的夫妻。离开英国之后，我们每隔几天就在微信上胡侃一番。从美食、泡汤、电影、保健、养生、睡眠、室内装潢、减肥、书评、运动、游戏无所不谈，大概已经接近一千条留言了。前些时候，他们还帮德亭介绍了一位很棒的摄影老师，我也把德亭的摄影作品跟他们好好炫耀了一下。最好笑的是，每次聊着聊着，大黄就睡着了，然后我和丹丹就消遣他。我们约好了等他们过两年去台湾时，我会带他们去我认为最有特色的八家台湾餐馆。

我的奇遇不只这些，还有许多正在慢慢发酵、酝酿的缘分。我知道，当我的身心更放松，心里没有预设、期待的时候，我反而得到更多。李安的成名之作《卧虎藏龙》中就有这样一句台词："把手握紧，里面什么都没有；把手松开，你就拥有了一切！"

03

做最真实的自己

如果不是这场病，我肯定无法从过去的生活、工作和许多思考模式当中急流勇退，重新思考五十岁以后我的人生应该怎么安排。历数我的过去，我有幸在乔布斯、施密特等引领世界风潮的人身边学习成长，也有幸在PC时代历经苹果、微软等全球首屈一指的大公司淬炼，在网络时代历经谷歌这些科技公司的熏陶，以及在美国硅谷和中国的中关村崛起时，参与过最有创意的工作。这些多数人一生所梦想、追求的职场经历，我都具备了；我也拥有相对丰厚的收入和名望；并且在能力所及之处，尽量帮助年轻人，成为许多青年心目中的"开复老师"，可是，难道这些就是我渴望的"成功"吗？

我在病中经历了前所未有的身心煎熬，除了化疗副作用带来的痛苦，

我和女儿平时就爱拍搞笑照片，在蜡像馆模仿蜡像，玩得不亦乐乎

更多的痛苦则来自"看山不是山",对自己过去的许多信念、价值观,产生了动摇,开始深刻思考自己到底为什么而活。

乐做凡人

治疗结束,身体状况慢慢恢复稳定。褪去过去的光环,赤裸裸只剩下一个自己,不必顾及面子、形象问题,反而享受到失去已久的轻松和自由,让我和真实的自己更加靠近。

2014 年年底,大女儿德宁从美国回来,小女儿德亭也放假了,我们一家四口有很多相处的时间。有一天,两个女儿想去逛夜市,我们决定一起搭乘公交车转乘地铁出游。一到夜市,两个女儿就很兴奋,我也很兴

模仿朱铭大师的代表作品"太极"

奋。每到一处，她们就要打卡、拍照，我也不甘落后，跟着一起瞎闹。

我们周末去了朱铭博物馆，在那里，我们比赛谁学雕塑最像。这让我们想到很多年以前，我们全家去拉斯韦加斯的蜡像馆模仿蜡像的日子。在回家的路上，我们到一家拥挤的饮食店吃晚餐，她们拿着手机，装模作样地玩自拍，我也挤在她们旁边挤眉弄眼地抢镜头。德亭突然一脸严肃地悄声提醒我："爸爸，你不怕你做这些怪样子被人认出来吗？"我看看四周，人声鼎沸，可是根本没人注意我。我说："不会有人认得我啦！认出来也没关系！"

德亭的顾虑，我是明白的。

自1998年夏天回到中国创建微软中国研究院，我便开始频繁地跟国内学生接触，希望尽我所能地帮助年轻人找到正确的方向；接下来，自2009年9月负责谷歌中国的各项业务后，为了招聘到最优秀的人才，我频繁地飞往全国各大城市，跟大学生面对面交流，每一场演讲都让可容纳数千人，甚至上万人的大礼堂或运动场爆满。后来，我开始在微博固定发表文章，我的粉丝数暴增至五千多万……因此，不论是在北京还是在中国的其他城市，我常常被眼尖的人认出来，然后要求合影、签名；偶尔为之尚可接受，太频繁时就觉得备受困扰。后来家人都不愿意跟我出门，因为走到哪里都不自在。

回台湾后，我偶尔会出现在公共场合，却几乎没有这种困扰。我在台湾很少上媒体，或许是因为台湾人腼腆内向，即使有人认出我，也只是远远看着，不会上前要求什么。刚开始难免有几分落寞，甚至有种繁华落尽的感慨，不过，在大病一场，鬼门关前走过一遭之后，这样的心情就越来越淡漠了。因此，那天晚上我就穿着休闲运动服，毫无负担地混在一群年轻人当中，在摩肩接踵的夜市小巷里吃路边摊，逛了一家又一家特色小店。

在台北，有很多舒服的小咖啡馆，一点儿也不在意是否会被认出来的我，可以随兴带几本书，找间咖啡馆，恣意花上一整片时间进行深度阅读。这一年多来，我不但读遍了医学健康类的许多好书，也读了不少与哲学和灵性相关的书籍，以及与创新、创业有关的新书。我发现台北牯岭街

还有几家旧书店，有一段时间我每周都去逛，生怕自己参与的数字革命会迅速取代了这些旧书店。我仿佛又回到求学时代，大量地从书中汲取养分，醒脑醒心，享受阅读的乐趣。

更有多次自在的旅行，与一些新朋友或老朋友一起去台湾的许多地方，完全不安排行程，早晨醒来想去哪儿就去哪儿，那是我多年来不曾有的体验。以前因为忙碌，每一次旅行都要精心安排行程，计较每一分钟怎么度过，结果适得其反，一点儿也没有度假的轻松感；又因为担心被大众认出来，更多时候，假期只能躲在家里，或是到朋友家坐坐，孤绝于人群之外，未曾获得片刻自由。

乐做凡人的领悟当中，最

有力量的影响来自两个女儿，还有先铃。她们在我身边，非常了解我过去有多么的"卓尔不群"，可是丝毫不受影响。比如大女儿德宁一直不希望大学同学知道她是我的女儿。大二时，她上中文课，老师发给她们阅读的文章正是"李开复写给女儿的一封信"。老师问："你们知道李开复吗？"然后正巧点名到我女儿，她站起来说："知道，他在苹果、微软、谷歌工作过。"老师批评道："不对，他没有在苹果工作过。"我女儿想了想，咬咬牙，点头坐下了。学服装设计的德宁，深知我有很多人脉可以替她铺路，但她对跻身世界顶尖设计师这件事完全不感兴趣！德亭喜欢摄影，享受与人分享无所不在的美，明知道专业摄影师很辛苦、赚不到什么钱，但她还是勇往直前。先铃更是如此，不爱名牌、不爱交际应酬，一向低调，有很多朋友甚至搞不清楚她的另一半是做什么的。然而，她们告诉我的是，要做最真实的自己！

在我生病时，德亭曾认真地对我说："爸爸，我觉得人生最大的遗憾，不是你做错了什么，而是你没有做自己曾想要去做的事。"我觉得每一个人其实都有他的梦想，当我们还是孩子的时候，明白什么事情可以让自己最振奋，那时在心中出现的梦想应该是最真诚、最清晰的。只是在成长的过程中，老师、父母或社会往往会把很多世俗的价值观灌输给孩子，有些父母会要求孩子应该做什么、不应该做什么，这个工作好、那个工作不好。其实很大程度上，这可能会让孩子把自己的梦想包裹起来，隐藏起来，他们因此去做父母未能成为的人，或者追逐从媒体上看到的偶像人物：这个企业家、那个大歌星，其实我觉得每一个人心中都有一个独特的自己，这个自己很清楚你要什么，也许是想体验人生，让大家看到人生的美好；也许是想让家人更快乐；抑或是成立一家具有创业价值的公司……听从心底真实的声音很重要，因为每个人的需求是不一样的。

回顾自己的人生，我为年轻人稍感担忧的是，因为社会的价值观太单一，这让他们容易眩惑于媒体吹捧的功成名就或是金钱物质的表象。再加上渴望鲜花与掌声的脆弱心理，让自己没有看清楚这一生想走什么路。我想提醒大家的是，人这一生是为自己活的，要去实践自己心中独特的梦想，如果一个人到今天还没有意识到那是什么，我觉得他就应该花一生的时间去追寻这件事是什么，然后在找到之后，义无反顾地朝这个方向走去。

创造自己的价值

我在和大学生的对话中曾经提到："一个辛勤的农民终其一生留下一块良田，他一生过得平淡无奇，却实实在在。一个好老师，爱学生如己出，他不一定出名，却可能成为很好的典范。这个世界的进步，包含了多少默默无闻的升斗小民不问回报的付出？只要一个人的一生对这个世界有所贡献，无论是老师帮助学生，医生、护士帮助病人，还是清洁工维护环境整洁，都是一种贡献；只要曾经帮助过别人，无论是拯救一个人的生命，还是为他人带来欢笑，都是一种帮助。"

写下这些文字时，我的心里充满了被想象激荡起来的情感。病过一场，这些文字传递出的信念，就坚决地要求我逐条如实履行。当被推到生命终点的面前时，我一次又一次地质问自己：抛开所有外在名声和世俗成就的光环，我是否成为自己想要做的人，能够得到自己的肯定？

在日本世界级导演黑泽明执导的电影《生之欲》里面，一个叫作渡边的小公务员每天过着盖章、签公文的无聊生活。直到他发现自己患了胃癌，只剩下半年的生命，他才开始寻思"我到底为什么活着？"后来，他在一堆公文里发现一份由小区妇女联手提出的陈情案。因为效率低下的政府部门互相推诿，这个要求将一条臭水沟整建成公园的陈情一直悬而未决。渡边决心用余生来推动这件事情的进展，最后他终于成功了。他独自在雪夜的公园里快乐地唱歌，无惧即将到来的死亡。最令人深思的是，尽管大家都被他的精神感动了，但敷衍塞责的官僚风气依旧没有改变。也就是说，他并没有真正改变世界，顽固的世界继续以它自有的规律运行着。

我常提醒自己"用宽容的胸怀接受不能改变的事情，用极大的勇气来改变可以改变的事情"，以渡边的故事为例，死亡给了他勇气，激励他在自己的职位上"改变可以改变的事情"。而官僚体制、社会风气不是他可以改变的，人们的感动像泡沫一样虚幻不真实，但即使大环境如此，我们还是可以在有限的范围里"创造自己的价值"，因为不论多么微小的贡献，都可以慢慢累积成一股不可忽视的力量，或者，成为一种无形的价值。

所以，评价一个人是否成功，不是看他的名望、地位，而是看他如何将自己的禀赋发挥得淋漓尽致。有时候我觉得，人生就像一场比赛，在我们来到这个世界之前，我们自己挑选筹码，也挑选游戏。人生最后的评价，就取决于你能不能用最少的筹码，玩出最精彩的游戏。

带着这样的信念，我想，不论何时何地，不论处境如何，我都会激励自己不断地"创造自己的价值"。于是，当我一帆风顺时，我会尽心尽力追随我内心的声音，帮助年轻人圆梦；当我因为生病不得不暂停工作时，我也会听从身体的呼唤，放慢脚步、松开双手，悠然见南山，自在且自觉地看生命将会把我带往何处。

04

乐助有缘人

大病初愈，本以为人生即将走到尽头，没想到峰回路转、柳暗花明，我又多了不少年可以活。从鬼门关绕一圈重新回到人间的心眼已非旧时心眼，我看人、看事物的角度也跟过去不同了。

就像我最近脑海里时常出现一段画面——我在工作人员的簇拥之下冲出拥挤的人群，钻进车子里，然后我的座驾重重地关上门、上锁，把我跟人群彻底隔绝开来。车子缓缓驶离，一个年轻学生从人群中突围，拼命地追上来，手里拿着一包东西，拍着车窗，对我用力招手……我听不见他的声音，也看不清他的面容和表情，但他的热切，却清晰地烙印在我的脑海里。

记得当时，司机问我要不要停下来？我斩钉截铁地说："不必！"

那只是万千中国学生当中的一个，过去，他的影像淡漠得似乎未曾存在过，但最近，我

回到母校与学弟学妹做小型座谈会，提醒他们不要因为年轻，只顾事业而忘了家庭

的心里却对他有很深、很深的愧歉！我想到他可能费尽心思地去找一样适合我，且他拮据的生活费用又负担得起的礼物，只因为我的书、我的某一句话打动了他；他把我当作导师、偶像，甚至是生命中的阳光。但我背弃了他。

这对他而言未必不是好事。对一个年轻人来说，过度沉迷在偶像崇拜中，总有一天梦会破灭。我的绝尘而去，说不定让他提早打破迷梦；与其追逐偶像，不如转身向内，好好施展自己独特的才能。只是，我问心有愧！

那个时候我满心只想着自己，一心一意算计着要用最短的时间做最多的事；紧盯着目标前进，把计划之外的机缘、偶遇关在门外。如今，我为当时的轻忽、怠慢深感歉疚，如果当时我可以在心里送出一个感谢与祝福，即使我同样没停下车来，但因为我的心念不同，意义就截然不同。

不是有句话是这么说的吗？——"所有的相遇，都是久别重逢！"我居然迟钝到错过了跟他道谢的机会。

乐助有缘人

病后重生，仿佛老天爷真的听到了我的呼喊，赐给了我重新开始的机会。科技的进步、网络的发达，让我与年轻朋友的沟通变得更加直接、便捷。面对一个又一个或单纯、或尖锐的提问，只要情况允许，我尽量挤出时间，耐心仔细地提出我的观点和建议。尽管我不可能为所有问题提供一个完美且一劳永逸的终极解决方案，但我相信只要能够分担他们的困惑与焦虑，我的付出就是有意义的。

最近我到卡内基·梅隆大学演讲，结束后收到了一封大一新生的来信。这个年轻女孩儿勇往直前的冲劲儿深深地感动了我。她在信中说，十三岁时被我的书激发，决定追随自己内心的渴望到美国读书。跨出父母为她准备好的舒适圈子，拼尽全力考上了美国的高中，提早面对世界的严酷挑战，种族歧视、校园霸凌都没能打退她，一路自我鞭策，跳级拿到了纽约大学和卡内基·梅隆大学的入学许可。

"做梦也没有想到，能够见到您，能够跟您面对面交流，能够给您写邮件。六年来，您一直就是我的引路人，是我的楷模，您的理念是我建立价值观的基础。万千感激无法用语言来表达，您的书改变了我的一生，带给了我千千万万的可能。

昨天您在回答一个学生的问题时提到了生活、家庭和事业的平衡，提到了如果一生都是非常功利地去追求成功，到头来会错过很多。这些话让我反思，自己对父母的忽视，以及我的人生该如何平衡。我会坚守自己的梦想，希望有一天能够成为一个优秀的企业家，从而能够有能力去做一个慈善家、教育家。

真的很感激选择了这条路，跳出了舒适圈，因为这是一切梦开始的地方，因为它让我看到了更大、更广阔的世界。真的很感谢您，Dr. Lee！"

后来正巧她暑期想回中国实习，既然如此有缘，就帮她找了个实习机会。

纯粹的付出带来纯粹的快乐

生病之后，我越来越觉得生命之中有很多东西无法全然用科学解释，尤其是人与人之间的缘分。所以，我提醒自己要珍惜跟每个人的每次相遇。因此，对于素不相识，但有缘相见的陌生人，也越发怀着珍惜、感谢之心。不管是我的微信粉丝团，还是新浪微博粉丝，只要情况允许，我一定是亲自回复，甚至相约见面细谈。如果缘分正好，我们可以探索一下有没有什么可以共同努力的事。

回到台湾这段时间，在健康和时间允许的情况下，我低调地参与了很多主管部门和民间小团体的聚会邀约，算算可能见过了一百多个朋友。正好当时台湾在推广创业拔萃计划，希望帮助创新企业走向国际，同时将国际化的观念带到台湾。见到管中闵这么一位认真，一心想要新气象，积极作为的官员，在他的感召之下，我当然是义不容辞地响应。

而李涛和王文华这两个老朋友帮我结了很多善缘，帮我用自己的方式为台湾的创新创业活动贡献一己之力。李涛原来是台湾最有名的媒体人，这几年我们接触得比较多，通过他的基金会，我结识了许多做公益的年轻朋友。听听他们的点子，给出具体的改善方向，帮他们穿针引线，把他们介绍给相关的朋友。

李涛对我不计时间成本的投入感到意外，幽默地提醒我："约了你就来，招之即来，挥之即去，也不怕掉身价！"然而，我非常享受这种真诚却淡然的关系，在每一个互相交流的时刻，心里干干净净的，没有太多想法，只是直接表达关心；当机缘过去，就互道珍重，相忘于江湖。

最特别的是，有一次我和王文华的团队筹办了一个梦想招募活动，他在网络上公开提供一次商业建议的面谈机会，但没有透露来宾就是我。

这是个很有趣的改变，不再像过去那样，必须是精英团队，或者大公司，或需要经过投资经理重重筛选。我们就从这些完全不认识的新朋友入手——王文华他们不认识，我也不认识——纯粹依据投来的题目和内容来征选，其中还有一个艺术基金会如何永续经营的题目。

病后心胸更加开阔，到处结识新朋友

走出新的境界

我跟我的癌症病友尼尔本来也素不相识，正好他在我的微博上留言——我们患的都是滤泡性淋巴癌——我们便开始频繁地交换抗癌日记。我们笑称自己照了三次PET，都快成为"铁臂阿童木，充满辐射能量"了。

请原谅我直接写信给你，我37岁，也于今年八月被诊断出患有淋巴癌。脖子长了一个小结，原本不以为意，家人坚持陪我去耳鼻喉科检查，医生说最好切片才有办法确认，抽验了、切了。医生跟我说你得了滤泡性淋巴癌。顿时真的感觉快没有未来了，刚要有第二个孩子却发现自己病了。

从第一次治疗信心满怀到刚结束第六次治疗莫名的害怕，我还年轻却整个掉到深渊！

——尼尔

我和尼尔交流的病中心得达数
百封，我不停地拿出成功的例子帮
他打气，鼓励他要正面思考，度
过化疗后期的几个月。我告诉他：
"现在免疫治疗技术进步飞快，这
是和我们的癌细胞在赛跑，而且应
该会跑赢的。放宽心，我们不过就
是不正常几个月，几个月过后就又
是正常人了！"在他顺利地重回职
场后，我与他分享了五个压力调整
秘诀，特别是第五点：

尼尔和我同为滤泡性淋巴癌患者

（1）自己认为没有病，然
后结果相符合，就相信了。

（2）必须做的就做，其他
的一概拒绝。

（3）多交点正向朋友，补
充正能量。

（4）烦的时候就去睡觉。

（5）碰到不好的事情，就
想：跟癌症比，这真不是回
事儿。

尼尔送了我一个铁臂阿童木

有一次李涛跟我说："有的朋友觉得你好冷哦！"我还愣了一下，"怎
么会这样呢？"他帮我分析，"或许是因为你说话带点儿北京腔，加上一
路都是人生胜利组，即使再谦卑，可能有的人还是会觉得有点儿距离。不

在台湾和创业者分享心得体会

过，现在你是从胜利组的神坛，来到凡间了！这么巨大的改变，让你从原先习惯的胜利组，重新思考人生，你将走出新的境界，更成熟、更无碍。"

确实，我敞开了自己，自由接纳来自四面八方的缘分，宁可为了与一群年轻人见面分享经验，而拒绝跟一群话不投机的大老板同桌吃饭。别人想破头也无法理解我怎么会愿意花时间在一件全然看不到利益的事情上，但我心里却很清楚，当我不再斤斤计较付出时，才能获得最真诚的人情互动。

05

平衡，让人生更丰富

2015 年春节前夕，当飞机降落在北京首都机场，我的心突然激动起来。"我回来了！我真的回来了！"

整整十七个月，我在生死线徘徊，即使后来病情渐趋稳定，但因为还没跟医生谈过，不能确定目前的健康状况能否允许我重拾这份热爱的工作。

排除各种心理设限，我还是决心回到创新工场！只是，一抵达北京的当下，我竟然有点儿近乡情怯，也有种历经生死、人生重新开始的振奋感。

出关后，远远就看见我的好友、事业好伙伴王肇辉。虽然我们常在视频会议上见面，去年年底他也来过台湾，但一想到能回到北京，继续跟他们共事相处，我还是特别兴奋。只是，我爱捣蛋的毛病又犯了，忽然想先吓唬他一下，于是故意绕到他看不到的地方，给他拨了电话。电话接通后，我用严肃的口吻低声说道："肇辉，惨

与王肇辉一起吃冰

最要好的朋友们欢迎我回北京　　　徐小平送我一瓶我出生那年（1961）的酒

了，他们不让我进关哪！怎么办？我被带进海关办公室盘查了！唉，不知还得搞多久，你要不先回去？"

"啊！怎么会这样？你是带了啥东西进来？要我去想什么办法保你出来吗……"听得出他是真着急了，我连忙从他后面抄上前去，重重拍了一下他的肩膀。他一回头，看到是我，好气又好笑地大喊："好啊！开复你——！"我看他本想揍我一拳的，但瞬间明白我的把戏，整张脸都笑开了，张开双臂，给了我一个热烈、温暖的拥抱。

父母之邦，毕竟是父母之邦，不论离开多久，只要一踏上这片土地，我的身体就跟这里的一切融为一体。我习惯了这里的空气，虽然雾霾很严重；我也习惯了这里的节奏感，虽然有点儿匆忙。我的喜悦是掩饰不住的，最先发现这一点的是先铃。她看到同事在微信上发的照片，我的笑容特别灿烂，便问我重返工作是不是很快乐。她说："那你就多回去吧，不过自己要懂得把握，别再full time（全职）了。"

我的人生三平衡

先前有人问我准备什么时候退休？我是这么回答的：

我不打算退休。我的人生主要分配在三件事情上：一是工作，二是公益，三是家庭＋朋友＋休闲。随着年纪的变化，这三者的比例也有所调整。下面是我个人的分配比例，每个人的比例不同，但趋势应该类似。

- 30多岁：90%给工作，1%做公益，9%给家人、朋友及休闲
- 40多岁：85%给工作，5%做公益，10%给家人、朋友及休闲
- 50多岁：75%给工作，10%做公益，15%给家人、朋友及休闲
- 60多岁：50%给工作，20%做公益，30%给家人、朋友及休闲
- 70多岁：25%给工作，30%做公益，45%给家人、朋友及休闲

我认为这三者都不能降为零，因为：

- 如果工作为零，那么头脑就会退化，在社会上的话语权，甚至公益的影响力都会下降。
- 如果公益降为零，那么就太功利、太自私了，只为自己，没有社会责任感。
- 如果家庭＋朋友＋休闲是零，少了亲情、友情的温暖与爱，生命缺乏滋润与调节，人基本上跟一台机器没什么两样。

说到这儿，也要庆幸，参与创新工场的好处之一，就是三者的比例可以随我调整。

尽管刚从鬼门关前走一遭，但我仍然热爱我的工作，绝不会因病退休。尤其现在由创新工场几位合伙人共同擘画、形成的工作价值，是我工作生涯中最向往的。

做创业者的伯乐

第一天复职进公司，早晨八点钟，我一踏进办公室，发现全公司的

创新工场的工作价值，是我工作生涯中最向往的

人竟然都到齐了，欢迎我回归。真没想到他们会把场面搞得这么温馨、热烈，回来见到这么多同人，开怀地笑呀、拍手，心里顿时感到一股热热的暖流流过。

离开公司期间，创新工场的业务依旧蒸蒸日上，新聘了好多员工，所以有十几张面孔是我没见过的，他们起哄说要讨拥抱。我开玩笑说："没有这么便宜的事，你们先要做自我介绍，说得够精彩，才能得到拥抱。"于是他们就铆足劲儿，把自己儿时糗事、宅男故事统统都说了出来。

有位投资经理说他在论坛上冒充《红楼梦》专家，骗到了北大才女；又有位女同事公开表白，坦承她最喜欢的男人类型就是像某位已婚男同事的那种；还有一位当场表演了胳臂外弯的绝活儿。我的同事们实在太可爱了，个个充满热情，最后当然就是把大家都拥抱了一遍，连老同事也一样。

当天下午，我们开了一个很特殊的会议，会议上请每个人和大家分享一下，自己为什么来到创新工场。

其中有一位，他的分享特别令人动容。他说：

"其实世界上最伟大的一批人就是创业者。因为他们的工作是没有包袱、没有官僚的。他们的资源是没有浪费的，能有多少，就全部用上！他们是有心改变世界，而且胆敢改变世界的人。

他们有自信，有理想，不为五斗米折腰，愿意做穷光蛋，即使被父母老婆批评也要创业。人们有时候会认为他们是疯狂、偏执、天真的，但是只有他们真的能够改变世界。

第二批值得尊重的人，就是这些创业者的天使。我们通过帮助这些创业者，实现自我价值，也同样对这个社会和世界贡献价值。我们一定要做好自己的工作，因为有很多大公司并不是真心想帮助这些创业者成功，他们会运用各种手段来欺负这些创业者。这些创业者谁都没有，只有我们。

所以我加入创新工场，因为创新工场是最pro-entrepreneur（支持创业者）的机构，永远最为他们着想，从不用对赌协议欺负他们，不利用信息不对称占他们过多的股份，不把自己当作大老板让他们'汇报'。

我们是创业者的伯乐，也是他们的知己。辛苦工作一整天，但是只要看到我们对这群最伟大的人有所帮助，我就觉得自己的努力工作挺值得的！"

这位同事完全说出了创新工场创业的宗旨。成立五年来，我们的核心价值就是要真心帮助创业者。倘若在"快速赚钱"与"帮助创业者"之间产生价值冲突，我们坚决选择"帮助创业者"。我们是有所为有所不为，

认识先铃不久，我就知道她是我一生的最爱

不会只投资可以赚到最多钱的事业，而是认同网络是帮助人类成长的工具，创业者除了要能干，其人品、价值观也要值得尊重才行。创新工场之所以能吸引这么多有才干的人，聚在一起愉快地工作，我想，这是最主要的原因。

在我离开工作岗位的十七个月里，创新工场自然形成了一种没有英雄、人人多出一份力的工作模式。虽然整体环境有了剧烈的变化，创业浪潮汹涌而来，各种新创基金也纷纷成立，跟两年前我暂别时所面临的环境早已不可同日而语，但他们都很默契地各司其职、自主决定，尽量不来打扰我休息养病；而他们做的决定都很棒，我们的投资回报甚至比以前更好。

所以，这次回去跟大家见面，我决定继续放权，未来我每周只工作三天，将工作重心转向制定及调整公司的战略方向、补充核心岗位，跟媒体和投资人沟通，以及在美国寻找优秀的创业团队，给一些较大的创业公司提供建议方案等，公司的实务运作将交给同人自己负责。随着工作时间减少，我的持股量当然也因此而随之调降，让出更多份额来奖励表现卓越的同事。

真正高效的时间管理

修过死亡学分之后，我的人生走到了另一个阶段。过去的我，工作第一，事业第一；现在，家人第一，健康第一。正如我前面提到的，走到不同的阶段，人生任务的轻重比例自然需要有所改变。

或许也应该感谢老天，在人生中场以后让我得了癌症，提醒我该调整生活重心，每周只工作一半的时间（这比我预期的规划早了几年）。我觉得人生的选择，其实就是时间的安排管理。我常说，人生有两个主要的财富：才华和时间。我们的一生可以说是用时间来换取才华；才华越来越多，但时间越来越少。如果一天天过去，时间少了，才华却没有增加，那就是虚度了光阴。所以，必须节省时间、高效地运用时间。

我特别想提醒大家：不要成为"紧急"的奴隶。事情分轻重缓急，"重要"和"紧急"是不一样的。比如，"准备明天的考试"是"急事"，而"培养自己的积极性"则是"重要的事"。人的惯性是先做最紧急的事，但往往因为这么做，而致使重要的事被荒废。大部分紧急的事情其实是不重要的，而许多重要的事情并不紧急。因此，不要把全部的时间都去做那些看起来"紧急"的事情，一定要留一些时间做那些真正"重要"的事情，比如，打好知识基础、学会做人等等。每天管理时间的一种方法是：早上安排今天要做的紧急事和重要事，睡前回顾这一天有没有做到两者的平衡。

对于还需要为事业冲刺打拼的年轻朋友来说，我的经验是，成功和兴趣有着直接的关系。面对没有兴趣的事情，也许只能产生20％的效果；如果遇到感兴趣的事情，也许能够产生200％的效果。若要最大化你的生产力和影响力，首先要找出你真正热爱的事情。由兴趣驱动的工作会带给你工作的渴望、意志、专注、自信，以及正面态度，这时成功就离你不远了。

人生走到现在，我最想给出的忠告是，再怎么追求事业成就，都不能赔掉健康，这是至关重要的。真正投入你的工作中，为你的生命创造价值，你需要的是一种态度、一种渴望、一种意志，但不是所有的时间。我听到有些朋友被我的经验所感动，追随自己内心的热情，积极地去圆自己的梦，创造属于自己的成功。可以给大家一点刺激与鼓励，得到这样的回响我很开心。但是你不能剑走偏锋，一味地追求高效、成果，对家人、责任、健康却不管不顾，那不是我的本意，我没有鼓励大家成为机器人。对于健康，你至少得基本及格，饮食、运动、睡眠和压力要设法取得平衡。

时间有排他性，你专注于工作，陪家人的时间势必会被缩减，专注、真诚的高质量相处更重要。我对于家庭的时间分配适用下列原则：

- 划清界限、言出必行——对家人做出承诺后，一定要做到，但是希望其他时间得到谅解，制定较低的期望值，以免令家人失望。

- 忙中偷闲——不要一投入工作就忽视了家人，有时十分钟的体贴比十小时的陪伴还要受用。

- 闲中偷忙——学会怎么利用时间碎片。例如：家人没起床的时候，你就可以利用这段空闲时间去做你需要做的工作。

- 注重有质量的时间（quality time）——时间并不是每一分钟都均值，有时需要全神贯注，有时坐在旁边点头就可以了。要记得家人平时为你牺牲很多，度假、周末是你补偿他们的大好机会。可不能只是点头敷衍，一定要全神贯注，付出有质量的时间。

过去我跟妻子视频聊天时，常把手机放在桌上，一边发电子邮件，一边跟她聊天，她很容易就发现我不是专心陪她。虽然不开心，她还是忍了下来。子女则更敏感，影响也更深远，孩子的成长是不等人的，错过就错过了，很难弥补，无论如何都应该尽量给孩子最完整的陪伴。特别是在压力很大的时候，每一次可以和孩子相处的时光，开怀地和他们嬉笑玩闹，都是我感觉人生最疗愈的时刻。

过去小女儿德亭常抱怨我工作第一，跟她相处时"没有真心"。如今，我不仅要"真心"、"专注"，而且把她们列在优先地位。比如我到纽约出差，拜访重要的投资人和两家我们投资的公司，我现在就会优先把和女儿见面、吃饭的时间定下来，剩下的时间再做业务上的安排。

找回初心，真正实现自我价值

其实我在出版《做最好的自己》、《世界因你不同》这两本书的时候，都说过这样的话：要找到自己的心，追随自己的心，然后要做对世界有意义的事情。我一直鼓励大家要让自己每一天都比昨天更好，发掘你的热情，每个人的人生意义都是不一样的。

现在的我仍和过去一样热爱工作，但我现在学会了放下偏执，更平

全家上山吃饭时留影

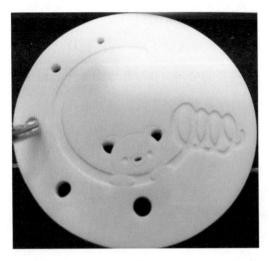

德宁把创新工场的塑料标识雕成了一只熊

衡地满足每个方面：每周一定要和家人固定聚餐、陪母亲打牌，并且继续保持运动，注意饮食、睡眠、压力的均衡；保证每天睡足七个半小时，每周有四个小时的运动时间。有人需要我帮忙，我不会再计较是否最大化地利用了时间、最有效地发挥了影响力，只要我感觉自己帮得上忙的，就会很乐意跟他们见面，在微信和微博上跟关心我的朋友保持交流互动。

这次生病并不是我第一次体会到这些道理，但是我第一次发现，其实我们非常脆弱，只要稍稍把追求世俗价值里的名利当作自己的人生目标，你真正想做的事往往就被蒙蔽了。我们应该花更多的精力，挖掘自己内心真正想要成为什么样的人、做什么样的事，然后守住初心，不受诱惑地尽力去实践。我想这样的人生才会圆满，没有遗憾。

李德亭摄

第四部分

健康，我对自己的承诺

01

我的重生之路

在台湾养病休息十七个月，一天早晨换衣服的时候，先铃突然大叫道："咦！你的脊椎不见了！"

"啊？"我反手到背后摸一摸，没感觉；又走到镜子前，想办法扭过头去看镜中的自己，也看不出什么。我问："我怎么没感觉？"

可是先铃很兴奋，她把我的脊背从上到下仔仔细细来回摸了几遍："真的不见了！"

大概很少有人知道，多年来，我一直有两条脊椎。一条是正常脊椎，另一条是硬邦邦的肉脊椎，就在正常脊椎右边，是我打拼的证据，长年肌肉紧张累积而成。

我在北京工作期间，每个星期有两天需要请人到家里帮我做全身按摩。正是按摩师发现我的背部多出了一条"肉脊椎"；也不知道是从什么时候开始有的，等到发现它，越是注意到它，它的影响就越严重。我常在下班回家之后觉得全身肌肉紧绷，好像被几百条绳索密密匝匝地捆住了一样。

为了对付那条顽强的肉脊椎，我特别请按摩师"下重手"，但这吓退了好几个知名的按摩师。后来经人介绍，终于请到一位转行做按摩的奥运国手，他身高两米，力大无穷，总算勉强帮我慢慢揉开一点点。可是，按摩之后没多久，那肉脊椎又缩了回去，而且比先前绷得更紧了。

本以为这条肉脊椎就要跟着我一辈子了，回到台湾之后，按摩师一样按时前来，我也没特别关注它。最近换了一台Mac（苹果电脑），发现Mac鼠标有多指触摸功能，可以自定义左右键，要换成左手操作鼠标极为方便。多年来，医生总劝我要左右手交替使用鼠标，我都没听，直到右手臂和右肩也连续出了问题，才意识到事态严重。没想到，十七个月的治病养心，加上改成左手用鼠标，我的肉脊椎竟悄悄松开了。

习惯了每分每秒都要精确计算效率的生活，我其实是长期处在超大压力的紧绷状态，只是自己丝毫未察觉。我以为自己一直在"追随我心"，做自己喜欢的工作、用自己热爱的方式生活，并没有承受太多的压力，浑然不知过度高亢的情绪，同样会形成压力，累积在体内，需要排解。

在六次化疗过程全部结束之后，唐医生建议我彻底改变生活、饮食习惯，调整工作心态，重新开始。于是，通过永龄健康基金会安排，在一场三天两晚的"永龄南园养生假期"中，我认识了郑慧正医生。

在台湾养病期间，我发现此地最优秀的人才几乎都去当医生了。郑医生讲起话来不疾不徐，不带丝毫情绪。刚认识他，会以为他是一个严肃的人，后来我们慢慢熟悉起来，才发现他幽默风趣，想象力丰富。想想我自己的公众印象也是这样，媒体记者形容我："一板一眼，每一个细节都像是经过精确计算。"郑医生跟我颇为投缘，很短的时间内就成为通家之好，或许跟我们的性情相近有关吧！

郑医生是全球首位推广运用MRI（核磁共振成像）技术进行癌症、中风与心血管疾病筛查的人（由于他对MRI的运用已经到了炉火纯青的地步，竟然异想天开，用MRI进行艺术创作）。虽然在台湾MRI因为价格昂贵且检查费时，通常不用作第一线的癌症筛查工具，也不会扫描全身。但

永龄南园养生假期合影（后排右起第三位为郑慧正医生）

用郑医生的话说：早期癌症唯一症状就是没有症状，所以需要运用扫描技术，才能提早知道是否罹癌。不过各种扫描中，以PET对人体伤害最大，CT其次，MRI最温和。

我的滤泡性淋巴癌能够及时发现，部分得归功于这上千张核磁共振影像，对全身上下做地毯式的扫描，才把那些长在肠系膜里的淋巴肿瘤找出来。我每年都做X光、超声波等常规体检，这些检查很难探查像肠系膜这么深层、隐秘的部位，若非这套将身体拆分成各个面向的MRI设备，恐怕我连自己病了都不知道，还在那里自我感觉良好、继续折腾自己。

四个八十分自我管理法则

依我看来，郑医生真可说是一个脚踏实地的理想主义者。他看到大家都想要健康，却又缺乏行动力，所以提出"四个八十分自我管理法则"。他的这几个自我管理法则正是我走出癌症风暴、重返生活最迫切需要的。

这"四个八十分自我管理法则"，关乎健康的四件大事（NESS）——饮食（Nutrition）、运动（Exercise）、睡眠（Sleep）、减压（Stress reduction），每一项再依照时间顺序细分为前、中、后，进行综合管理。例如饮食前的食材选择、烹调方式，饮食当时的心情、态度，饮食之后如何帮助排便……各有需要注意的细节。像是大家越来越重视有机食品，若烹调方式不对，再怎么强调天然有机，也会对身体造成伤害；倘若吃饭时狼吞虎咽、心神不宁，那就前功尽弃了。还不如用好心情、好态度去吃垃圾食品。所以，"均衡"是最重要的。

很多青年朋友就跟我年轻时一样，一心专注于工作，甚至错以为工作与养生只能二选一，认识了郑医生后，厘清了我不少似是而非的健康观念。他说："不必要求每一项都做到一百分，那不可能，而且会增加很多压力。"我自己包括很多朋友都是这样，信誓旦旦规定自己每天运动一小时，跑步机搬回家了、运动装备也买了一大堆，结果三天打鱼、两天晒网，坚持不了几天，最后全然放弃，跑步机变成家里的大型摆设。他进一步解释道："饮食、运动、睡眠、减压，结果就是好吃、好玩、好睡、好轻松。"

郑医生给出的健康建议，我特别受用，觉得他简直说到我的心坎里去了。他告诉我："影响健康的几个因素都有交互作用的。爱吃美食，如果能用运动去平衡，那就无妨；运动不足、睡眠质量不好，那就设法减压、用清净饮食调节身心负荷。"你看！这种弹性、轻松自在的做法，多么符合我的需求！

郑医生整理出一张矩阵式的健康管理法则表（见下页表），方便我清楚看见自己哪里不足，哪里需要加强。而且运用他的这套健康管理法则时，可以根据自己的生活习惯、环境条件，找出自己的可行之处或困难之处，调整互补平衡，只求八十分就好，毕竟生活不是实验室，要务实可行。掌握平衡大原则，建立一套自己可以执行的个人化养生方案，不再紧张兮兮地东看一点、西看一点，网上说一套、书上再说一套，莫衷一是、无所适从。

养病期间，我就按照郑医生的方法，实行"没有压力"的养生，轻松自在地养成规律的生活起居习惯，配合合宜的运动、饮食、睡眠，再把过去的很多"执念"都放开了，背后的肉脊椎就自然而然地慢慢消退了。

说起来很妙，肉脊椎消退了，我的心境也有很多转变，很多过去在乎的事情，现在都无所谓了。或者应该倒过来说，是我的心境转变了，所以肉脊椎也消退了。总之，身心互相影响、互为因果，这在我身上是十分明显的。最奇妙的是，当我不再坚持"一定要怎样"之后，生命中的活水就哗啦拉地流动起来了，很多意想不到的缘分也一一展开。

郑医生提供并推荐给我的八十分健康管理法则（NESS）			
	前	中	后
Nutrition 营养好吃	N1.全食物 N2.抗发炎食物 N3.低糖食物 N4.肠道免疫修复餐	N5.低温烹调 N6.细嚼慢咽 N7.八分饱 N8.饮料选择	N9.饭后 15 分钟，把握黄金时间（排便）
Exercise 运动好玩	E1.装备选择：保暖排汗衣着、防震运动鞋 E2.动态暖身 E3.伸展运动	E4.心肺功能：有氧运动 30 分钟 E5.肌力与肌耐力：无氧运动 E6.柔软度：瑜伽伸展	E7.水分与电解质补充
Sleep 睡眠好睡	S1.白天适当活动 S2.睡前准备：静态缓和活动、沉淀放松心理	S3.安静舒适的睡眠环境（避免灯光） S4.避免在床上做非睡眠的活动 S5.夜眠中断后睡不着，不要强迫自己入睡	S6.渐进式下床
Stress reduction 减压好轻松	SR1.改善自律神经：不要熬夜、有氧运动 SR2.自我调适压力；尽力就好，勿求完美	SR3.立即见效：腹式呼吸 SR4.练习冥想	SR5.改变心境，拥有正能量，拥有同理心、慈悲心

02

癌症给我的礼物

"时隔一年，几经生死，我觉得是思考这个问题的时候了。"复旦大学一位罹患乳腺癌的教师于娟，自知时日不多，忍着病痛，像写论文一样，仔细分析自己为什么会得癌症。在病床上读到这篇文章的我，更是心有戚戚焉。

她写道："我在癌症里，整整挣扎了一年，人间极刑般的苦痛，身心已经摧残到无可摧残。"她在自身遭受病痛折磨时，还能想到"哪怕是我最为憎恨讨厌的人"，都要帮他们免受相同的痛苦，令我很敬佩。可惜于娟最终还是离世而去，留下了《为啥是我得癌症》一文，发人深思。

当时我在微博上转贴并回应了这篇文章："很多时候，我们不在乎、不珍惜我们的身体，只在病痛上门时怨恨痛苦。"就像大部分的病友一样，在发现自己罹癌之后，我急切地想了解癌症是怎么发生的，身体到底需要什么，如何保持身体健康……生病这段时间，我重拾年少时的兴趣，疯狂地读了很多书，也结识了很多各领域的专家，比如郑慧正医生、唐季禄医生、奥兹医生（Dr. Oz，美国健康权威专家）、陈月卿、凌志军等等。

　　这一次的身体大罢工，我深刻体会到自己过去种种虐待身体的荒唐作为，虽然是依随我心选择的工作，但也因为对工作充满激情与热爱，稍不留意就会过度专注投入，疏忽了健康。"世事无常，生命有限，原来，在癌症面前，人人平等。"检视过往我的"铁人"生活，癌症会找上我，其实一点儿也不奇怪！

别拿健康当成就的祭品

　　生病以前，出门就是上车下车、开会办公。以前网速很慢的时候，我会先下载所有需要阅读、批示的文件，上车后就拿出计算机或手机一件件处理。既感觉不到春夏秋冬的变化，也感觉不到与他人之间的接触。我觉得运动浪费时间，而且长期睡眠不足，必须依赖咖啡因提神；看起来神采奕奕，其实心理严重疲劳；在过去的职业生涯中，我一直笃信"付出总有回报"，所以给自己过重的负荷。而我特别得意的就是：我可以从起床到入睡，百分之百地投入工作。有的人会放空、发呆之类的，我却是忙成了习惯，脑子里时刻都在想着什么事该如何处理，一秒钟都停不下来。

　　倒不是仗着自己体质好，乱吃乱玩不会生病，只是在这之前，工作应酬总是让我忙得不可开交，更担心万一生病会误了公事，所以哪怕只是一点小状况，我就会赶紧吃药。也可能是因为我"下手早"，加上妻子先铃一有机会也会强迫我注意身体健康，那些小病小痛往往很快就能痊愈，自然也就没有花太多的心思在身体上。

　　一位曾经拼命工作，之后久病康复的朋友曾提醒我："每个人的有效时间都是一样的，年轻时透支了，以后就没有了；年轻时别太累，才可以细水长流。"当时，我并不是很认同那位朋友的看法，现在却饱尝压榨身体的苦果。我劝谏大家，养生和追求事业，这两件事是完全不冲突的。对创业者来说，或许你未必能够达到标准的健康要求，但至少应该要求自己能及格。从更长远的角度来看，每天多花几十分钟运动、多睡一小时，会让自己更有精神，心情更好，绝对不是"浪费了一个多小时"。

其实，保持效率和维护健康是一回事，一个人并不是只能在工作狂与隐退的养生者之中二选一。如今你再问我，我的建议会是：凡事没有绝对，掌握平衡不过度。尤其奉劝年轻的朋友，睡眠、饮食、运动、压力、正面思考，这五项应该参考前文郑医生的健康法则，老年人或已经生过病的最好达到八十分，中年人七十分，即便是年轻人也至少需要及格。在这个前提下用最大的效率，努力工作、成长。以健康换取成功是不明智的，也无法持久！

在重新认知工作与生活后，我意识到这么多年来自己对身体不合理的压榨，更是下定决心要好好善待自己的身体。相信身体给出的信号：饿了就吃，困了就睡，想大小号就快去，别傻了，接受身体的信号不代表意

夕阳下的淡水海滩　图片来源：纪录片《向死而生》

苏黎世夕阳 （李德亭摄）

志力比较薄弱。眼下最重要的人生课题是，我必须用一种崭新的方式重返生活。

　　我将每天保持足够的睡眠，做适当的运动锻炼身体，多吃有营养的食物。我告诉自己，必须把过去的模式"改掉重来"，否则，潜伏在我身体里面的癌细胞随时都会卷土重来。我畏惧它，但也感谢它，它是一个最有威严的老师，如果不是它让我修了这门死亡学分，恐怕我还耽溺在那种自以为是的生活里。

03

天天睡得好，烦恼自然少

生病之后，我一路接触了不少名医，其中有位中医大夫极力主张，人应该顺应四时生活，人生也有四时，小孩子就是春天，老人就是冬天。春日迟迟正好眠，所以他主张小孩子一定要睡饱，睡饱的孩子一定聪明。上学迟到就迟到，跟老师请假吧，孩子能睡到自然醒最重要！（要是再早几年让我知道这个说法，小女儿肯定会乐坏了吧。）

大学时代，因为学计算机的都是夜猫子，每天都睡得很晚，也不觉得奇怪。当年打工是在学校电算室帮着回答学生的问题，我尤其喜欢值零点到四点的大夜班，因为那个时段人少，我可以做自己的事，而且还有钱赚！

遇上考试的时候，我一天可能就灌上六七杯咖啡，但是后来觉得这样常得上厕所，太麻烦了，而且喝腻了。后来我找到了咖啡因药丸，困了就吃一颗，最长的时候连着三晚没睡，吃了十几颗，等于连喝了三十杯咖啡！

到了攻读博士时，老师管辖的几十台机器，虽然大都是我一个人在使用，但做语音识别，计算机分析五千个句子，就需要二十四小时之久。所以每到晚上，我就要把语音识别的实验弄到这几十台服务器上分析。

当年计算机技术还很落后，需要手动上传这些实验。可是我想，这几十台机器是上天赐给我的礼物，我一定不能让它们死机、停下来。所以我每几个小时就需要确认一下：机器有没有出问题，会不会发生什么需要中断实验的事情？半夜醒来也非得再确认一下，计算机还在运行吧？总之，每天不安排服务器忙起来，我就不能安稳入睡。这和我日后不把邮件回复完没法入睡是一样的。

后来有个记者采访我，听说我几十年如一日，十一点上床，五点起床，不看电视、不做运动，在文章里恭维我自制又规律，跟计算机服务器一样，永远在精准、高速地运转。其实，她只看到了我对职业生涯的拼命与投入，没看到我该睡的时候睡不着，想睡的时候又不能睡。很长一段时间，我白天靠喝咖啡提神，晚上吃安眠药才能睡着。虽然每天看起来都是神采奕奕，但心中却是疲惫不堪，非常劳累。

我的很多"神话"，包括"铁人"称号，以及不论半夜或清晨，随时回复电子邮件……其实都是用惨重代价换来的。工作与健康并非不兼容，可惜我觉悟得太晚。我的癌症跟这有没有关系？我想很可能是有的！

所以大病之后，为了补偿身体的亏损，我给身体的第一项承诺与改变，就是好好睡觉。以前我每天早上醒来总感觉困，就猛喝咖啡喝到不困为止，一天最多喝六七杯咖啡，然后再加上一杯浓茶提神。但现在喝咖啡纯粹是为了享受，而不是需要的感觉太好了。

让脑袋适时停机

许多研究也指出，睡眠是增强免疫力最好的方法，充足的睡眠对预防或限制肿瘤生长有广泛作用。最佳的睡眠时间是每天晚上十点以后，理想睡眠长度是七小时到八小时。

中医认为，睡觉养人体的阳气，癌症就是阴气太盛所致；而十一点到一点是胆经循行时间，人体的阳气刚刚要升发，一定要处在熟睡状态，才能助长阳气，所以最好在十点就上床睡觉。

西医的说法是，十一点以后是人体开始进行细胞修复以及免疫系统猎杀癌细胞的时间，如果这段时间没有进入深度睡眠，身体的能量系统为了支应额外的需要，无法全力供应上述工作，出错的概率大增，自然是健康一大害。

医学证据显示，连续两星期每天睡眠不足七小时的人，感冒的风险是睡满八小时的人的三倍。长期睡眠不足的人，在短时间内死亡的风险明显增加，罹癌的概率也大大提高。我向来很难放松，连夜里睡觉都谈不上放松，我想我最大的问题，就是长期每天平均睡五个小时。工作压力点点滴滴累积下来，我几乎是每天半夜睡一会儿就爬起来收邮件、处理公事，然后再回到床上睡一会儿，到了清晨五点又必然自动惊醒，眼睛一睁看到5：00这个数字，简直跟恐怖片一样。比较疯狂的期间，我甚至半夜里就把这一整天发生的大事，尤其在美国发生的大事，苹果、谷歌最新的消息全看一遍。加上微博上很多人是夜猫子，有时候口水战都是在半夜发生的，半夜里起来正好一次补上昨晚发生的事，然后备好隔天的十几条微博。

决定痛改前非，我的第一个健康承诺就是戒掉安眠药，每天晚上十点就寝，睡到自然醒。刚开始当然不容易，尤其是我习惯了让大脑不停运转，躺在床上睡不着，脑袋里像走马灯似的，有时候甚至会跳出白天绝对想不到的灵感，再躺下去简直就是浪费时间、浪费生命，于是忍不住想起床打开电脑。以前半夜里起来工作也常被先铃唠叨，但我总会振振有词地回她："公司有事，你先睡！"她也只好由着我，现在病了，先铃管得更严了，我也不敢再这么没有节制地透支睡眠时间了。

一般人最难克服的是，灯关上了，身体躺在床上了，怎么才能让大脑也关灯、安静下来呢？小孩子心思单纯，没有这些烦恼，白天玩得筋疲力尽，晚上一沾枕头就能熟睡到天明。可见睡眠障碍是社会化以后出现的文明病，所以烦恼多、思虑多的成人，就得"想尽办法"入睡。数羊、数数……都没什么效果，有时候反而越数越清醒。

我最近听说了一个新的方法：找一条你最熟悉的路——可能是小时候上学、放学的路，最好是熟悉路上的许多细节，不用思考、回忆，你都了然于胸。上床睡觉时，闭上眼睛，什么都不想，就想象自己"仿佛"在那条路上轻松散步。因为有事可做，又不用真的动脑筋，很快就可以轻松入眠。

试过了许多助眠的法子，幸好先铃也陪我调整作息时间，加上我怕自己弄出动静会吵到她，再无聊也只好忍耐。这么忍一天、两天，没想到慢慢就戒掉了半夜起来开电脑的"瘾"。但是，要戒安眠药可没那么容易，我从一片减成半片，痛苦了一段时间，再借助其他方法，经过大半年，终于慢慢戒掉了安眠药。

好睡的秘诀

帮助睡眠的方法有很多，往往也因人而异。在这里分享几个对我有益的助眠方法，希望对读者也有帮助。台湾辅仁大学心理系助理教授陈建铭在《给工作忙碌者的睡眠建议》一文中分析了七种形成睡眠规律的办法：

（1）维持生物钟，固定作息时间。

（2）规律运动。

（3）睡前降低亮度，起床后照射日光。

（4）睡前六小时勿饮用咖啡等刺激性饮品。

（5）不以酒助眠。

（6）谨慎使用安眠药。

（7）每晚维持舒适的睡眠情境。

特别是起床后照射日光，我意外地发现到这是唤醒身体很重要的方法。起床后，一定要把窗帘拉开，或是走到阳台让身体接受阳光照射，这么一来，全身细胞都会苏醒过来。所以，也有专家建议，长久习惯日夜颠倒的人，如果要调整时差，不妨试试清早天刚亮、太阳还没出来时，面对东方日出前的曙光，闭目三分，直到太阳出来为止。如此几天下来，生物钟自然就调整过来了。

此外，晚上睡觉尽量不开灯，尤其是半夜起床如厕，更是不能开白光灯。最新的研究报告说，这是因为身体已经适应黑暗，猛然开灯，褪黑激素会受到惊吓而减少分泌，不只影响继续睡眠，还会惊扰正在进行的细胞修复工作，而且日光灯的影响又比黄光灯更大。

为了养成十点以前上床的习惯，我规定自己九点以后就尽量不接触电脑、手机，洗漱完毕，保持灯光柔和，慢慢进入睡眠准备状态。我执行起来是很严格的，十点一到就熄灯上床。所以妻子先铃笑我是"典狱长"，每天负责吹熄灯号、催她睡觉。但这样严格执行一段时间后，我的睡眠质量确实改善了很多。

现在，我十点上床就寝，最迟不会超过十一点，经常睡到自然醒，大约五点半到六点半起床，中午再舒服地睡上半小时到一小时的午觉。这样就可以维持一整天精神饱满、头脑清醒。以前我认为睡眠不必定量，有些人只需要五个小时，有些人需要七到九个小时，其实这话只说对了一半，人的感觉是很精细的，几个小时确实不是最重要的，你应该问问自己的身体：现在累不累，人还很疲劳吗？起床眼睛看东西清不清楚，是不是要靠咖啡才能提神？

回答完上述问题，你的睡眠是否充足，自己心里肯定是明白的。

五个优质睡眠诀窍

（1）睡前不要安排费时费力的工作。

（2）设定一个停止工作的时间，睡前加班，远不如第二天早起再做效率高。

（3）记录每天睡觉和起床的时间，养成健康的睡眠习惯。

（4）不要因为失眠而感到压力大，放松最好。

（5）睡眠的质量比时间更加重要，让自己处于舒适的状态。

04

吃出健康

经过六次化疗之后，医疗团队要求我，未来五年仍要密切监控健康状况，每三个月回来抽一次血，半年照一次片子。鬼门关前走了一遭，以前觉得不重要而轻忽的身体健康，现在越来越重视。

崇尚自然疗法的医生提醒我，定期进行健康检查虽然重要，但自我检查更重要。而自我检查的健康指标，就是看吃喝拉撒睡是否正常。吃得香、睡得着、拉撒正常，基本上就不会有大病。确实如此。

好友凌志军罹癌之后，怀抱着科学精神，做了很多自救的研究，出版了《重生手记》一书，跟读者分享康复心得。他说养生第一步是做好五件事：吃喝拉撒睡。跟我的经验是一样的。

看我小时候的照片不难知道，我从小贪吃，不爱吃青菜，经常大鱼大肉，暴饮暴食，饮食极不健康，年轻的时候甚至可以一口气吃下三斤牛排。

学生时代，大伙儿时不时相约去"吃到饱自助餐厅"，一次得花不少钱，所以为了省钱，前一晚就开始挨饿，忍着。一次可以吃下九块牛肋排，因为吃得太撑了，第二天又一整天吃不下东西，从一个穷学生的角度来看很棒，但吓得餐厅老板都试图说服我们下次别再光顾了。我也曾疯起来，跟朋友比赛吃冰激凌，一连吃了近十球……

年轻的时候只觉得很过瘾，一方面用较少的钱吃了这么多东西，很划算；另一方面我还只挑精华的吃，比如炸鸡只吃肉不吃外面裹的面皮，还扬扬得意吃了这么多肉。事实上这么做增加了我们的肠胃负担，一下子就让它全塞满了，动都动不了。经年累月这样糟蹋肠胃，不知道累积了多少垃圾在身体里。

生病之后，我马上改变的就是饮食态度。

四个足够

一开始我是带着忏悔的心，力行"葛森疗法"的全素饮食，荤腥一概不沾，甚至吃到了荤食就想吐。大约下意识觉得多年来让肠胃受累了，实在不应该；病后洗心革面，改吃全素食物，所以有了让肠胃休息的意思。

再说，读了杨定一在《真原医》一书中的分析，"人适合吃素还是吃荤？"他的论点并不是反对吃肉，但是从人体构造（牙齿、肠道长度、消化液）来看，其实人类更适合素食。人的肠子很长，更像食草动物，肉吃多了在里面会腐烂，产生毒素、宿便等问题。人和食草动物都是小肠长，适合慢慢吸收不易腐烂的素食，而肉食动物胃肠短，可快速消化肉类，在肉类腐烂前将其排出体外，避免残渣在肠道中产生毒素。从这点来看，多吃点素，少吃点荤是有道理的。

可是，决定接受化疗之后，博学亲切的主治医师唐季禄特别提醒我，癌症病人在治疗期间需要充足的体力，才能支撑身体渡过化疗带来的风暴，所以我又开始吃肉和海鲜。加上病中接收到来自各方的建议，例如吃全素食物有可能营养不够，是否吃蛋喝奶也各有争议。正如凌志军说的，因为众说纷纭、莫衷一是，所以他归纳各方意见，再参考自己的身体反

应，最后提出"足够"而非"绝
对"的原则。也就是说，没有
什么东西绝对不能吃，但要遵
守四个"足够"——足够杂、
足够粗、足够素、足够天然。

我的饮食原则大抵也是着
重四大类食物的质量均衡，（1）
多吃蔬果、全谷类、海产品、
低脂或无脂食品，以及豆类、
坚果等；（2）少吃红肉和加工
过的肉类，少摄取油炸类食物、
甜食和含糖饮料；（3）每天只
喝一杯红葡萄酒，因为红酒里
面的白藜芦醇可以抑制不当的
血管增生，阻绝癌细胞扩张。

先铃每天早晨做的营养泥

女儿做给我吃的素食比萨

不过，我还是有享受美食
的欲望，生病已经够辛苦了，还要吃得清汤寡水，太不人道。如果每天愁
眉苦脸地进食，也是很辛苦，而且产生负能量，肯定无益于我的康复。在
网络上看到米其林厨师为癌症晚期病人烹调美食的新闻，真觉得此人堪称
上帝！癌症晚期病人反正时日无多，不如不顾忌吃喝，像我这样还想再活
四五十年的人，如何兼顾健康与美味，真让先铃恩威并济、煞费苦心（先
铃每天早晨为我们做营养泥，营养泥只是看起来像碗泥巴，但真的不难
吃。有一次女儿没吃完早上的营养泥，被逼着带到学校吃完。老师看到
了，还特别给她一个拥抱，奖励她的"勇气"）！所以，后来听到郑医生
的四个八十分原则，我欣然同意。

大家知道我生病后，很热心地跟我分享抗癌心得。例如，陈月卿女士分享自己如何利用饮食照顾同样罹癌的丈夫苏起，让他逐渐康复，也给了我不少信心。那天，她带我们到工作室，亲自示范了用全食物调理机制作五种兼顾营养和美味的精力汤，有鲜艳的果蔬精力汤，也有用蒸熟的黑木耳、黑豆、黑糯米饭、黑芝麻和黑糖调理的补气黑五类精力汤，以及适合当早餐的综合米浆饮品。回家后，我们照着做，每天早上一杯精力汤，减肥、通便、排毒、增强免疫力。最重要的是，一早起来，胃是空的，这时候吞下肚正是胃吸收最好的时机，你吃健康的东西让它全吸收进去，多好。

跟陈月卿学做健康果蔬汁

自制健康果蔬汁

功效：每天一杯可以减肥、通便、排毒、增强免疫力。

材料：苹果、胡萝卜、香蕉、柠檬、奇异果、甜菜根（可用蜂蜜代替）、
芹菜、黄瓜、菠萝、新鲜蔬菜、亚麻籽等。

提示：蔬菜先焯烫过，以防农药残留。有些需要用榨汁机（以免果汁太
浓稠）。

如果当早饭，也可以增加五谷米、麦片等高纤维的淀粉类食材。

一段时间后，我慢慢适应了健康食品的口感，精神变好了、便秘问题解决了、所有指标都正常了，痛风也没了。不过，还要强调一点的是，健康饮食的目的是健康，减肥是次要的；还要配合良好的睡眠习惯和运动，同时也要注意食物的来源，除非确知是无农药的有机蔬菜，否则要避免生食。

我会用高纤维食物代替精细食物，用五谷杂粮代替精米白面，再就是多吃食物、少吃食品。尤其现在食品加工业频频出现问题，食品安全问题举世皆然，生鲜出产的当地食物，一定比经过繁复程序再加工的食品更健康。欧盟国家用政策保护传统市场不受超市的排挤，就因为传统市场贩卖的大多是当地小农生产的食材。现在大家喜欢说"身土不二"、"一方水土养一方人"，就像婴儿喝母乳，母乳里的营养成分会随着孩子的成长周期自动调整；一如当地食物、当季食物也会随着季节、地域而产生神秘变化，只是我们的身体已经迟钝到无法辨识。

相信身体给出的信号

健康的饮食跟我们平常的作息息息相关，我过去喜欢吃夜宵，晚上往往有应酬请客，也是一天当中吃得最丰盛的一餐，早餐因为赶时间、胃口

不佳，反而吃得最少，甚至不吃。现在我知道，这习惯一定要改！

早上第一餐很重要，要吃最有营养的东西。所以我通常会吃一碗高纤维地瓜、麦片、山药泥，先让肠胃苏醒过来。晚上尽量少吃，因为睡眠期间身体的工作排程是修复免疫系统和细胞，如果肠胃的消化吸收工作还要挤进来，不但影响其他器官工作的效率，也容易长胖。所以晚上过了六点就尽量不吃肉、油、淀粉和糖类食物。

特别是在吃酒席的时候，我学着把筷子放下来。以前父母总是教导我们，碗里一粒饭都不能浪费，但请客一点就一大桌，菜永远吃不完，加上一边聊天一边吃，如果筷子不放下来，几个小时吃下来，吃到十分、十二分饱，肯定是个问题。跟大家分享一个方法，如果是一人一份的酒席菜，不妨把"下半场"打包回家，这样肠胃既不会超出负荷，也不会把菜扔掉浪费。

严格管理之下，为了保有饮食的幸福感，午餐我让自己随兴享受，吃自己爱吃的东西，分量多些也无妨，比如晚上吃五分饱，中午就算吃到九分饱，其实还是OK的，至少平均下来达到七八分饱的目标。

谈了饮食，接下来非谈拉撒不可。说起来有点儿难为情，但如果这件事没处理好，真是很要命的。刚生病的时候，我对每天是否排便压力很大。因为医生说排泄物是毒素，会在小肠里累积，我是有问题一定要解决的人，所以会勉强自己每天要有一两次，没有就会焦虑。甚至在化疗造成便秘时会分析今天该用手边五六款泻药中的哪一款比较好？

《You：身体使用手册2》一书作者奥兹医生到中国时，我们也碰了面，我从他那里学到许多有用的知识。例如大便的频率，奥兹医生说："如果一天排便四次以上，或不能保证至少两天排便一次，那你应该就医。"郑医生则主张饭后十五分钟是排便的黄金时间，因为进食会促进肠胃蠕动，有助于清除前面几餐制造的垃圾，所以一天排便两三次是正常的。次数太多当然也不好，但奥兹医生说："如果肠胃不疼，那就没什么好担心的。"

奥兹医生告诉我，每次解手看看大小便的形状、颜色、内容物，大概就可以判断七八成健康信息。因为大小便里含有丰富的健康信息，若想学习可以到网上搜索奥兹医生专门为这个话题录制的节目。

小便的频率也很重要，憋尿绝对不行，尿不出来或尿频都很麻烦，一定要看医生。科技行业有个笑话，有个老板会到厕所观察员工，如果你的尿液颜色偏黄，表示你上班很认真，很拼命，是个好员工！从这个细节来考察员工，我可真服了他。不过，小便的颜色确实能透露出不少健康信息，甚至还是个压力检测指标。通常压力大的时候，你会忙到没时间喝水，尿液自然偏黄，但因为变因很多，随时自我观察，有助于了解自己的生理变化。

最后，我想再次强调一下，相信身体给你的信号，不管是感觉饥饱还是有睡意、有便意，都不该忽略它，特别是平常有便意却不去，最后往往就排不出来了。等真的遇到身体机能失调，搞得人满头大汗、痛不欲生，还是怎么都排不出来，那真是后悔莫及！所以现在哪怕是开会开到一半，只要自然召唤，我都会像小学生一样举手告退。

人体的运作是非常繁复而精密的，一个细胞里面的忙碌程度，绝不亚于一个纽约市的运作。医生不会比你自己更懂你的身体，养成观察自己的好习惯，不管是求医还是照顾自己，有时候会比医院的各项检测数据还要可靠呢！

05

运动，活力的源泉

我从前不但不运动，而且还嘲笑朋友运动养生。我的朋友潘石屹在微博上说："美国科学家通过对几万人、多年的观察研究发现：'跑步的人比不跑步的人多活七年。'"我就调侃他："会不会这多出的七年都在跑步？"

当时我觉得我不但幽默，而且是对的，而今才发现我错了！

现在，不管中医、西医还是自然疗法医生都告诉我，运动无比重要。有氧运动不仅可以促进脂肪燃烧而达到减肥的效果，还能促进癌细胞凋亡，也是活化自然杀手细胞的良方。

再者，因为人是动物，要活就要动，人体的免疫大军淋巴系统不像血管配备了心脏动力马达；它能保持回流顺畅，主要就是靠运动，因为当初上帝造人的时候没想到，有一天人类会变成今天这样，整天"宅"在电脑前不肯运动，而且还把珍贵的地球能源浪费在交通、移动上。

我们的淋巴系统没有动力马达，人又不肯运动，上车、下车，取代了步行，人的身体素质就一代比一代弱。有中医研究，几千年累积的人体数据显示，古人多半阳盛阴衰，阳气、能量充沛，但体型偏瘦，因为古代粮食不足。现代人则是阴盛阳衰，能量不足，躯体庞大。差别就在于运动，尤其是走路，走路可以让阳气下行，中国人练功讲究"气沉涌泉"，根扎稳了，能量的输布就没有阻碍。现代人不走路，头重脚轻，上下不通，不仅身体健康状况走下坡路"，心理健康问题也越来越严重。

我过去的生活确实是标准的现代人模式，长期缺乏运动，甚至觉得运动浪费时间。后背长出肉脊椎之后，有点儿感觉到不运动不行了，我买了跑步机，一边跑步一边看演讲视频或是商业新闻。生病之后，运动变成重要的康复处方，我只好乖乖按表操课，每周爬山两三次，每次至少一小时。刚开始我为了避免"浪费时间"，我会先设定主题，趁走路时一边走一边想，不让脑袋有丝毫空闲时间。结果是走了一趟回家，浑然不知路上看到了什么，只记得想到了什么。

后来发现，脑袋不空，身体就无法真正放松，我就试着不去想，至少不再刻意去想什么主题了。这才发现，要让脑袋放空可真不容易。后来有人教我，专注于感觉自己的身体，会有些帮助。确实，我现在更能放松体验走路的身体感，以及路途中许多美好的事物了。

我们住在台北的天母，附近有很多小区、小公园和登山步道，还有一个天母运动公园，加上这里空气好，生活机能也不错，所以运动的意愿大增。我们在台湾不开车，也没有司机。活动范围若在天母之内，我们就尽量走路；要去较远地方时才搭地铁或出租车，这么一来，走路的机会就更多了。

养成运动习惯之后，我才体会到运动的好处真是冷暖自知，不管怎么说都没法跟旁人分享，只有自己最清楚。合适的运动可以促进心血管弹性、增强心肺功能，还可以刺激大脑分泌多巴胺，让人心情愉快。医生建议我除了走路，还要常走上下坡，达到至少十分钟的剧烈心跳，等到快喘不过气来，再放松慢慢走。跑步当然也可以。我发现一旦走了 45 分钟，就会汗流浃背，那是很有成就感的。就像电影《洛奇》里面的那种感觉：我是冠军！

另外瑜伽、太极这类伸展筋骨、柔软、缓和的运动也很棒。我有时候

拥抱大自然（薛之骏摄）

也会在家跟太太、女儿一起玩有趣的Kinect①运动。我发觉微软Kinect做得真不错，比Wii方便多了，不需要遥控器，还可以全身运动。我从美国买了一个回来，运动减肥、游戏都好用。我跟女儿就常一起玩，一会儿被女儿打倒在地，然后爬起来报仇，再把她打倒在地。别看这样，运动量还挺大的。

身体动起来了，生命的活水也跟着动起来了。建议你也一起来体验这美好的感觉！

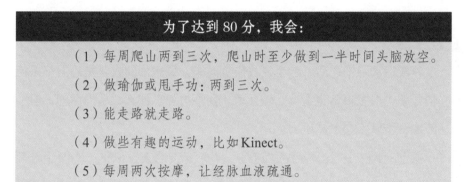

为了达到80分，我会：

（1）每周爬山两到三次，爬山时至少做到一半时间头脑放空。

（2）做瑜伽或甩手功：两到三次。

（3）能走路就走路。

（4）做些有趣的运动，比如Kinect。

（5）每周两次按摩，让经脉血液疏通。

---

① Kinect是一个与Xbox360（微软第2代家用游戏主机）外接的3D体感摄影机。利用动态捕捉、影像辨识，麦克风输入、语言识别等功能让玩家摆脱传统游戏手柄的束缚，通过自己的肢体控制游戏。——编者注

06

从追求 100 分到只要 80 分

养成运动习惯之后，除了让我恢复健康，最意外的收获是每天都保持心情开朗，很多事情也看得比较开了。我不再强求什么，尽力而为，但一切随缘，所以不会形成压力。

从前有网友这么形容我："这是一个太完美的人，似乎二十四小时都高度自控，绝不生气、绝不失态，如同一台高度智慧的机器，这内在承受的压力，何处释放？所有的角度都滴水不漏，太不真实！"

过去我确实花了太多时间和精力来维护公司和自己的形象，我在乎名声，也担心所有潜在的危机。这些心理素质，就具象化为我背后的肉脊椎，以及我的疾病。所以，我其实很早就生病了，只是自己没有察觉而已。早在 1948 年，WHO（世界卫生组织）对健康的定义就是：身体、精神和社会生活的完好状态。也就是说，心情愉悦、身体充满活力，工作、生活、人际关系满意。如果人际关系不和谐、有负面情绪，加上身体的倦怠感或不舒服，就表示健康出现警报了。但我在"保持效率"的前提下，将这些从身体、心理传递出的信息都封杀了。

或者应该说，是我的"症状"并没有明显到让我产生警觉；身体的倦怠感，睡一觉就好多了；多半时候，我的人际关系和谐、心情愉悦，感觉不到有什么负面情绪；再怎么忙，我也一直不觉得有什么压力。我后来才知道，问题就在这儿，我的自我感觉太良好！

我从2009年开始上微博，第一年因为创新工场忙，我没有投入太多时间在上面，但是从2010年到2013年9月之间的这三年，我在微博上非常活跃，甚至被称作一台二十四小时运转的服务器。媒体这样形容我："早上、下午、晚上，办公室、车上、家里，他都把自己当成一台服务器，安如泰山地收发邮件、刷微博，建立起脑容量和这个世界的联结。"我在微博参加各种论战，嘲讽，也被嘲讽，攻击，也被攻击，所以我的人际关系并不和谐，最要命的是，我的心里被灌满了负能量而不自知。

过去我一直以为，压力必然伴随着痛苦而来，其实，人的喜怒忧思悲恐惊七情都会造成情绪压力；在亢奋的时候、思考的时候，因为我们喜欢做那些事，也喜欢那些感觉，所以不觉得那是压力。像我在演讲的时候并不觉得有压力，事实上我整个人的神经是紧绷的，因为要专注于如何表达、倾听别人的提问，并思考如何回答。所以，要检视自己有没有压力，只要想想：你很难入睡吗？脑子里是不是还围绕着某个话题转个不停？是不是常在半夜醒来？或者常会莫名地产生担心、后悔、抑郁等感觉？我经常都是如此！

和母亲在一起的幸福时光

做过压力检测之后，就要找到适合自己而且切实可行的纾压方法。运动、爬山，练习大脑放空、什么都不想，到大自然走走，在没有光污染的地方看看星空、闻闻草木花香……这些活动都有不错的效果。或者从事绘画、摄影甚至烹调等创作活动；听音乐、看电影等休闲活动。

五个面对焦虑的诀窍

（1）健康饮食：蔬果、粗粮比垃圾食品更能舒缓心情。

（2）少喝咖啡：过量咖啡会消耗血清素，使情绪更糟糕。

（3）锻炼身体：运动可以释放内啡肽，有助于减压，保持头脑清醒。

（4）制订计划：面对任何事情，设法获取全部信息并制订相应的处理计划，胸有成竹，自然可以降低焦虑感。

（5）心存感恩：常将世间种种可爱放在心上，保持积极、正向的心态。

释放压力，身体一定会有所响应；好好实践这些做法，身心轻松自在，我想应是长葆健康的关键功课。

07

涓滴储蓄正能量

面对疾病，正能量是最有效的药。病痛最喜欢的就是担心，最怕的就是平和。

——星云大师

生病之后，常有病友写信来问我抗癌的历程与心得。其中有位年轻的朋友，由于同是淋巴癌患者，情况和我很相近，除了互相打气，也和他分享了特别多的抗癌心得，鼓励他不要放弃，一定要积极勇敢地去治疗。顺带把星云大师传授给我的抗癌心法也转送给他。

发病初期，面对未知的命运，心理上还处于极端焦虑与惶恐的状态，反倒是妻子先铃一再坚定地告诉我："你一定会没事的！"果然，经过这些日子的化疗与休养，身体慢慢痊愈了。我后来问她："你难道不担心我就这么去了吗？"她眨着大眼睛说："怕呀！怎么不怕！可是你看，你都已经这么紧张难过了，我如果再不坚强，没有稳住，我们这个家不就垮了！"也多亏了她一开始就那么坚定而正向地支持我，我的康复情况超出很多人的预期。

就像星云大师说的，正能量是最有效的药。培养正面思考的习惯、积累正能量，就要多做让自己快乐的事情、用正面的语气说话、多接触正面的人。当我们听到可信的正面消息的时候，身体自有其不可解之奥妙，会自我修复。

最简单的例子就是 1955 年由毕阙（Henry K. Beecher）提出的安慰剂效应（placebo effect）。"二战"时毕阙被征召当军医，有一次手术遇上麻醉剂用完了，不得已只好用生理盐水代替。令他震惊的是，不知情的伤兵在注射后，居然真的止住了疼痛，停止哀号。这个特别的经验让他在战争结束后，开始投入这个研究，最后发表了著名的论文《强力的安慰剂》。

他主张患者在服用安慰剂后，会因为心态与自我暗示让身体分泌舒缓症状的物质而发挥疗效。如果患者对医生高度信赖，好转的效果会更明显。

受此影响最大的是后世的药厂，现在开发新药，一定会使用安慰剂做对照试验。服用新药组的人比服用安慰剂组的人，在症状上必须有明显改善，新药才算有效，以免安慰剂效应误导结论。

充满正能量的严长寿先生带我们展开了一次放松的台东之旅

做让自己快乐的事，参加台中的艺术体验营

心诚则灵，学会正面思考

这不就是我们中国人常说的"心诚则灵"吗？你相信一件事，它才会有效。你自己真心相信，它就有可能让科学仍无法解释的转机出现，产生积极效果。我们不如这样想，人类对身体的奥妙到现在可能有99%都还是搞不懂，没办法用既有的科学知识来解释，但不懂得原理没有关系，我们还是可以先掌握这个效应来自助，进行正面应用。

正面思考跟"吸引力法则"的原理相似。研究者认为，思想是先于物理存在的，我们想的每件事情、说的每句话，都在给身体暗示；正面思考会带来正面的结果；反之亦然。除非我们把抱怨的心态转化为感恩的心态。把注意的焦点，放在拥有，而不是没有或失去的部分。培养正面思考的习惯，可以从以下三个方向着手：

1. 自我心理建设、用正面的语气说话

比如像我得了癌症，刚开始的时候，完全搞不清楚是怎么回事，自己吓自己，最苦、最慌的就是刚发现生病的那段时间。幸好，一方面因为我有许多充满正能量的好朋友，帮我推荐可信赖的医疗团队，唐季禄医生除了让我可以很安心地接受他们的治疗，而且还给了我理性的建议，指点我认真研读医学报告，并做了很多功课，知道这种癌症存活率其实蛮高的，治愈率也高，这让我大大振奋起来；此外，我也经常给自己举正面的例子，告诉自己像李显龙也得了淋巴癌，现在也治疗得很好等等。多跟自己讲这些正面的话，鼓舞自己，对于痊愈也就越来越有信心、有斗志。

有一派专家强调，不仅心情影响病情，信心也是。尤其主张生病的时候要常跟自己的身体对话，一方面跟身体诚心忏悔，另一方面承诺改过自新，给身体良善的生存环境。如果你觉得有点儿道理，不妨一试。

2. 多做让自己快乐的事

人在无助的时候特别容易胡思乱想，而正面的思想可以安定身心，不管是禅修、打坐、和自己的身体对话、顺势疗法，还是另类疗法，只要你觉得这个方法有益，就都是好的。

开心、大笑那真是灵丹妙药。很多行为学派研究都同意，乐观开朗的心态往往会给人带来好运与健康，花一点时间做你自己喜欢的事，听喜欢的音乐、看喜欢的电影，把欢笑与快乐带进你的生活，感受生命的美好与恩赐。

3. 多接触正面的思想、正能量的朋友

说来幸运，我的家人、朋友都很正面，例如台湾肯梦集团的创办人朱平先生，就是个特别具有正能量的人。他常说，先改变自己，让自己成为涟漪的中心点，成为正面积极思考的人，涟漪的效应就会产生，这个社会、这个世界也因此改变。跟我的《世界因你不同》想法有几分相近。有一次，我们聊到这场大病，我说，"疾病是我的导师。"

朱平却回答我："不，开复，生病是一种blessing in disguise，一种伪装的祝福！这个病，让你认识以前不会去认识的新朋友，比如我；让你有时间多回家乡，和家人团聚；也让你离开过去所做的事情，跟过去有点儿距离，好把东西看得更远、更深。"被他这么一说，忽然觉得我这场病好有价值，不是吗？

正能量其实像存款一样，你若是能在生活中点点滴滴地累积，相信一定会给你无比的气力，帮助你从疾病的困顿中找到康复之路。

08

幽默感是我的良药

我的小女儿德亭曾引用一组数据："一个笑容只拉动十七根筋，但是愁眉苦脸至少要拉动四十三根筋。你想选哪一个？"有位网友幽默地回复说："抬起手臂打一耳光，只要拉动八根筋。"

其实我发自内心地认为，幽默是我们李家的家风，我顽皮的天性自幼就不时展露，诙谐搞笑的个性更在美国的自由环境中，如春风野草般得以尽情发挥。

28 岁生日搞怪照片

模仿杀人犯造型逗母亲

学父亲的装扮，拿着仿棋王林海峰的扇子胡闹

模仿当时电视上的大坏人教训小孩儿

模仿罗大佑

　　因为一些社交媒体网站具有翻译功能，我发的一些社交媒体内容，居然被美国初中同学看到，并且留言。有一次我写了一篇初中学英语的故事，一位很久没有联络的初中同学就留言讲了另一个连我自己都忘了的顽皮事迹。他说："我记得当时在教会学校，有一次老师要开复教我们讲中文，他趁修女老师不注意，教了我们中文的各种版本《三字经》……"

　　那次的玩笑大概是开得过火了，我就选择性地把它给忘了。只是，江山易改，深植在我基因里的老毛病还真难改，长大之后虽然稍有收敛，但一有机会，便信手拈来一个鬼点子，开个谑而不虐的玩笑，把好朋友戏弄一番，自娱娱人，常有料想不到的效果。

记得念大学的时候，一位同学对编写程序不太在行，请我帮忙，我假装不答应，等到他打开计算机准备自立自强时，计算机屏幕上却出现一行字："计算机故障待修"。可是功课迫在眉睫，他只好继续奋战。好不容易写了一半，一按存盘键，计算机屏幕又跳出一行字："计算机故障，你的文件全部被删除。"等到他气急败坏地准备关机退出时，计算机屏幕又出现一行字："傻子，功课已经帮你做好，放在抽屉里。开复。"这个朋友从此与我交情甚好，始终不渝。

世界上唯一的恶作剧爸爸

耶鲁大学的研究发现，"笑"的感染力超过所有其他感情，人们总会反射式地以微笑回报微笑，而开怀大笑更能迅速创造轻松的气氛。此外，幽默的笑也能促进相互信任，激发灵感。

很多同事刚开始都以为我很严肃，一起工作久了，逐渐发现我是个很爱开玩笑的人，就常常跟我分享生活的点滴。有一次员工大会之前，一个年轻男同事跟我抱怨："太太生小孩后，当爸爸的就很辛苦。"我安慰他说："没问题，我可以帮大家想办法逃避劳动。"他兴奋地凑过来想听听我有什么秘方，我故作神秘地说："最大的秘诀就是要让太太给孩子喂母

据说化疗会掉头发，网友帮我PS秃头之后的造型

167

乳，这样你就可以很无辜地说：'我也想夜里起来帮你喂奶，可是我爱莫能助啊！'"

2015 年，我接受了陈文茜小姐的访谈。事后她这样形容我："李开复人生态度里仍隐含着顽劣童真与经过病痛洗礼之后雍然自若的风度。"比起计算机服务器，她算是一针见血地看到了我的真实面目。

我的顽劣童真性格让我在当了父亲，有了两个女儿之后，还带着她们打恶作剧电话、拍搞笑照片。我们父女三个以前时常玩的一个捣蛋游戏，就是趁妻子不注意时，乱发搞笑信息给她的微信朋友圈。

有一天，孩子的大姨就打电话来质问先铃："你无聊啊，为什么给我发这个信息？"

先铃还没搞清楚状况，结果一看手机，她的朋友都收到一则信息："你的屁股好大！"

德亭就曾经用半是开心、半是得意的口吻跟我说："爸爸！你大概是全世界唯一一个会带着小孩打恶作剧电话的爸爸！"

但跟家人玩笑开多了，难免会自食其果。

就在我的化疗结束时，确定癌细胞已清除干净，要抽取干细胞做冷冻培养的前一天。由于要先在腹股沟置入导管，以备连接血液分离机和收集周边干细胞。二姐和姐夫以及先铃在病房外的客厅等候，局部麻醉后的我则躺在病床上昏睡。

喷血不忘拍照

模模糊糊间，我大概是感觉到了不对，忽然睁眼一看，发现身上红红的一大片，全是血，立时惊声尖叫："喷血了，喷血了！你们快来啊！"

没想到，没有一个人理我，反而传来阵阵笑声，一点也不像病人家属。我的血继续汩汩地往外流，裤子和床单都被血浸透了。我用手拼命想按压伤口，叫喊得更大声，也更凄厉："求求你们，真的喷血了！"

只听见先铃朗声说道："二姐，我们别理他！他整天瞎搞恶整，一定又是在那里搞恶作剧！"

"真的啦！拜托，这回是真的啦！"我又气又急，简直快要哭出来了。

大概是我的声音里真的传出了几分恐惧，他们三个齐齐出现在我面前，先铃一看我满身的血，大惊失色，赶忙跑出病房去找人帮忙。二姐和姐夫也着急忙慌地一个去抽卫生纸，一个赶快拿毛巾。

医护人员很快赶来了，我的紧张和恐惧感随即松懈下来，趁医护人员还没动手清理，"赶快帮我拍照！"我跟先铃说。

先铃瞪了我一眼："拜托！什么时候了，还拍照啊！"

不容分说，医护人员七手八脚地解开我身上的纱布垫，把刚刚装上的导管拆下重装，那个重要的历史镜头就这样错过了，遗憾啊！忙乱一阵，最后只剩一位值班护理师在收拾善后。

值班护理师一边忙一边问："听说刚刚李先生叫了半天，也没人理他？"

"是啊！他们好狠哦！只管自己聊天，不管我的死活！"先告状先赢，我赶快把话抢过来。

"谁叫他平时爱开玩笑！"二姐趁机修理我："'放羊的孩子'，最后吃亏了吧！"

"就会吓人！谁晓得你是真的还是假的！"先铃也白了我一眼。

我的一场灾难，反而让她们有机会翻出我的一堆旧账，真是天何言哉！天何言哉！不过，既然他们扯开来抱怨了，就让他们抱怨到底吧！反正我也不否认，我从小就是爱捉弄人的捣蛋鬼，这场灾难，算是我自食恶果，真怨不得他们。

不管怎么说，我自己知道，当我在病床上还能够不忘开玩笑、找乐子，我的病就已经好了一大半；至少这意味着从前那个充满幽默感、爱玩爱闹的我已经回来了。

而且，经过这么一场跟疾病的近身搏斗，我更确定，幽默感是我手上最锋利的宝剑，未来，我大概会把它当成我的贴身护卫吧！这表示我将用"赏玩"的姿态面对所有的挑战。当世间的一切都可以当作我们在人生游乐场上选择的一场游戏时，那就肯定会开开心心一路玩到底。

我常想，我的治疗与康复状况可以进展得如此顺利，除了感谢台湾最棒的医疗团队给我支持，以及家人对我的悉心照料，我天生的乐观和幽默感，大概是我在生死关头、命悬一线时，一次又一次地引领我走出困境、发挥自身疗效的一剂良药吧！

第五部分

家人，教我懂爱

01

追随父亲

回想起来，父亲的中国情结像一条无声的溪流，注入了我的价值观，影响了我的人生。

我出生得晚，上面有一个哥哥、五个姐姐，年过半百的父亲老来得子，但他在世时，我并未特别感受到他的爱。印象中的他，总是伏在案前奋笔疾书，像头老牛似的勤奋不辍。

父亲倒是常设法跟我亲近，比方说在我上学时陪我走一段路，虽然一路无语，我只顾自己半跑半跳、一路踢着石头玩儿；他知道我喜欢看电影，常选了影片带我去看，只是经常挑到我并不喜欢的电影。

我十一岁赴美，跟父亲相处的机会就更少了。有七八年的时间，母亲每年会抽出半年时间到美国来陪我，相较于父亲，母亲表达爱的方式很清楚、很直接，所以在我成长过程中对母亲依赖极深，对父亲则敬而远之。

随着年纪渐长，自己也当了父亲，我才意识到父亲的教育方式是很含蓄、很深刻的。他从不疾言厉色，也很少言语，但他的形象、作为，却以一种日久天长、细水长流的方式，渗透进我的生命里。

父亲一生心系家国，《大陆寻奇》是他唯一感兴趣的电视节目；临近晚年听到老歌往往抽泣不已，难抑心中悲情。直到父亲在世的最后五年，

全家送爸爸做访问学者　　父亲一生谦和，受人敬重，深受学生爱戴

女儿小时候与父亲的合照

他终于有机会回到四川老家，在祖母墓前，他几度失声痛哭；离乡返台那晚，他取出一枚四川金石名家篆刻的印章给我们看，上面刻的是"少小离家老大回"，还未开口，便再度失声痛哭。我终于看到他隐藏多年的情感，以及他一生魂牵梦萦、拳拳于怀的家国之思。

父亲最后卧床不起时，我们问他是否还有未竟的梦想。他说："写一本书——中国人未来的希望。"他在病中曾梦见在水岸边拾获一张纸，上面写着"中华之恋"四个字。

以天下家国为己任

我在微软和谷歌工作时，一直设法争取回到中国，很多人无法理解。

父亲回成都扫墓

我总说，那是父亲的遗愿，他一直希望我能够回到中国贡献所长。父亲对国家的爱已非我们这一代人所能领会。直到他去世，五姐在其周年忌日以长文《治学治事友情亲情——我的父亲李天民》追悼父亲，细数父亲如何以一生之力，履行他对国家、民族的情感时，我才慢慢理解他那一代人从颠沛流离、多灾多难的岁月里提炼出来的故国情思。

我的情感无法像他那么浓烈，毕竟他所经历的悲欢离合，我没有经历过；我成长在开放自由的环境里，所以我真的无法想象，在那个离乱的时代里，一个怀抱理想的知识分子，会这样满心里只想着把自己的才能、见识贡献给国家和社会，以天下国家为己任，将个人生死、荣辱置之度外。然而，我确实在父亲身上看到了，他的一生就是这样。

父亲十三岁从军，勤朴治学，志向远大，还是乡里宗亲集资出钱赞助，让他乘船去留学。在1947年"行宪"后的第一届"立法委员"选举中，父亲在西区以最高票数当选。来到台湾后，父亲对官场文化深感无奈与厌恶，故而将全部精力转移到学术研究上，潜心收集资料、详细分析。

从1981年起，他在台湾接受"政治大学国际关系研究中心"东亚所的聘请，在大学硕士班和博士班执教，直到过世那年三月才辞去教职。

父亲待人非常谦和、谦卑，对学生尤其好。比如，他自己平时很俭省，却常常会带这些学生去最舒适的咖啡馆，招待他们边吃蛋糕、喝咖啡，边研究史料、讨论史观。有时候我回台湾看他，他一下午都不在，我就知道父亲又去见他的学生了。

父亲过世后，他的几个学生跟我谈到父亲时，几乎都是热泪盈眶地说：老师一生对学术研究的热情，还有对年轻后辈的关怀与提携，让我决定投身研究近代中国历史！他们告诉了我很多父亲作为一名老师，是怎么治学、带学生，又是如何无私、慷慨地引导和帮助他们的。

父亲的好友、前哈佛大学燕京图书馆馆长吴文津先生这样形容父亲："他的写作毫无八股气息，立论都是有事实和资料的根据。他精通日语，看英文数据比较吃力，但是他决心苦学，也打下了一些基础，令我非常佩服。"

父亲五十多岁时申请到斯坦福大学胡佛研究所进修一年，那时候他开始勤学英语，听、说、读、写，全力以赴。我一直强调年轻人要具有国际观，有机会就争取出国留学，而且要设法融入当地社会，这便是完全承袭了父亲的观点。

父亲虽然心系国家民族，但他认为，这个时代的优秀人才应该考虑离开故土，在他乡异地更先进的教育制度下接受不同文化的洗礼，然后才能大放异彩，以更为深阔、恢宏的视野，对国家和社会做出贡献。所以他鼓励我们几个孩子赴美留学。我想，这正是因为他对近代中国历史有全面的理解，而且，也对正统儒家的"天下"思想有了极为深刻的体会。

有容德乃大，无求品自高

父亲一生清廉、谦和，我们从来没听过他口出恶言，就连临终体弱，还不停地向身边照顾他的人道谢。父亲病中我们问他最怀念的享受是什么？以为他会回答美食或旅行，不料他却不假思索地说"读书"。我们又问父亲，一生中最令他感到安慰的是什么。本以为他会说他的研究工作，但他却说："你们七个。"我们不禁拭泪。

父亲与国学大师钱穆先生互动频繁，每逢过年，一定前去拜望、请教。1990年6月，钱先生不堪时任"立法委员"的陈水扁指控他"霸占公产"，九十五岁高龄的他，毅然搬离素书楼。那是一段粗暴、躁乱的年代，父亲也曾受到类似的污辱。

那时父亲是党外人士口中的"万年国代"，有一次赴"立法院"开会时，被民进党党员强行拖下车，受了伤，到荣民总医院急诊。任职于荣民总医院的五姐赶到急诊室时，父亲却只淡淡地说是自己摔跤跌伤了，她直到第二天看到报纸才知道真相。

钱穆先生赠送给父亲的墨宝"有容德乃大，无求品自高"，更是父亲

父亲灵骨所归的慧济寺，恰好在我登山的路上

留给我的珍贵遗产。我发现，他们那个时代的知识分子，就是靠着很多内在信念的坚持，度过人生的种种不堪；而且愈是磨难，愈能砥砺内在质量的光华。过去几十年"有容德乃大，无求品自高"这十个字伴着我度过人生的高峰与低谷，在不同的阶段，我的领会也不太一样。

早些时候，我会觉得这十个字的条幅就像一个垂暮的老人，在我耳边絮絮叨叨说些不合时宜的观念和想法。有了一些阅历之后，我突然从"有容"、"无求"之中，领会到人生与工作的不变法则。

直到那天，我散步偶然转到慧济寺，仿佛冥冥中有某种力量引导着我，把我一路引到父亲灵前。思绪瞬间闪过，我才突然明白了这十个字所蕴含的力量，以及这一路走来，包括我的病、我的种种遭遇，仿佛都在某种意义上有所关联，把我一路牵引到父亲灵前。

生病之后，我把大学毕业十年来父亲写给我的每一封信都拿出来重读了一遍，我才发现，他写给我的每封信里面都隐含着一些人生建议。他教我怎样去做一个更好的人，不要为了一些没有价值的事情让自己太忙碌，做人要谦虚，千万不能骄傲……父亲通过这些信，以非常温和的方法来传递他的爱，而我感知得太晚了。

几年前我去祭拜他时，心里想的都是："父亲在天上看到了吗？如果看到了，会多为我感到自豪啊！"我真的以为自己一路努力向上，就是在完成父亲的梦想，达成他的期许。但是，这一次的大病，让我更多地反省自己。

永浴父亲慈光中

我与父亲虽然形影疏离，一再失去互相理解的机会，但我们毕竟血脉相连；冥冥中，也许是他看到我走岔路了，又或者是他某一部分的生命已经融入我的生命里，是我的深层内在觉察到我已偏离初心，所以我的身体"制造"了一场疾病，提醒我该停下来想一想，看看自己有什么感觉。

我愧对家人，一心追求让世界变得更好，其实在待人接物的修养上，做得远远不够，对此我感到很难过。父亲虽不曾说"开复，你应当如何如何"，但他言传身教，用自己一生的言行举止，作为我学习的典范。在人生的许多十字路口，他给予我强大的勇气和决心，促使我选择回到中国工作，帮助年轻人成长、创业。

深切回顾过往，一直为自己的成就感到骄傲的我，此时忍不住在父亲灵前哭泣忏悔："我对自己挺失望的！"我为什么没能更早、更深刻地理解父亲，他的助人之举全然无求、无我，饱含着大爱。

隐约间，仿佛听见父亲温和的声音："希望你以后不要再让自己失望了。"

我哭了一阵儿，当哀伤渐渐止息，气息也渐渐平缓了，睁开双眼、整理好衣服，把满脸的泪痕擦干，恭恭敬敬地行了三鞠躬，缓缓出了庙门。阳光猛地洒了我一身，我眯着眼，心里却是透亮的。我绕过几个绿树浓荫下的小区和小公园，回到了家。

在那之后，只要走到那里，我就会绕进去跟父亲说说话。有时候，我会请他保佑我恢复健康，让我有机会重新开始；有时候，我什么也不说，只是静静地站着，沐浴在一片慈光之中。

02

我的老小孩儿

一早起来，阳光灿烂，我才走出房门，没想到九十几岁的母亲已经穿戴整齐，端坐在客厅。

"妈！起这么早哇！"我上前搂住她，顺势在她额头上亲了一下，然后腻着她，挨着她坐下。她喜欢这样，我知道。

她被我闹得呵呵笑。"你乖不乖？"她拉过我的手，轻轻打了一下。

"乖！我很乖！"

"你不乖，我要打你，脸凑过来。"

我把脸凑过去，她亲了我一下。

"妈妈你最乖、最乖了，你是全世界最乖、最乖的宝贝！"我搂着她，极尽所能地奉承她，她布满皱纹的脸上堆着满满的笑。

母亲这几年患了轻微的失智症，很多事情、很多人她都不记得了，她只记得逢人就问："你乖不乖？""我乖不乖？"这大概是她这一生最在意的价值了，当一切都逐渐淡忘的时候，只有这句话牢牢盘踞在她心里，从未遗忘。

乍闻罹癌噩耗决定返回台北那阵子，我就跟母亲住在台湾大学附近，定期到台大校园运动很方便。二姐住得近，只隔着两条街，往来照顾十分

孙女陪奶奶打麻将

陪妈妈打糊涂牌

方便。每天早晨，她必定给我送一杯她亲手榨的有机果蔬汁，接着她就继续陪母亲，总是等到吃过午饭，照顾母亲午睡后才离去。

看着母亲孩子般纯真的笑容，我不禁想，这次生了大病，终于可以安安静静地待在家里陪伴母亲好几个月，不知道能不能算是因祸得福。

从我十一岁到美国当小留学生开始，长年远游他乡，没能在父母身边尽孝。从前忙于自己的工作，总舍不得请长假休息，一年如果能休五周的假，我大概只请两周。多年来，只要有假期，我一定回台湾看母亲，因此朋友们都觉得我很孝顺，连我自己也觉得这是我能做的极限了。生病之后，对生命无常的感叹让我学会分辨有限时光里孰轻孰重，我才惊觉过去很多做法只是敷衍了事。过去我即使坐在母亲身旁，陪她吃饭、打牌，可心中还是惦记着工作；我不时会烦躁地看看时间、翻看手机，看看有没有收到最新消息……

无限大的爱

母亲一直是我生命中的女神，最伟大、最无私的女性。她 12 岁从东北流亡到北京，6 年后考上了上海东南体育专科学校。1948 年，父亲随着国民党政府从四川先撤退到台湾。在如此动荡的时局，妈妈一个人带着五个孩子，想去台湾没有那么容易，也不敢讲。她一路经过成都、重庆、广州和香港，千辛万苦才抵达台湾与父亲会合。

1961 年，43 岁的母亲意外怀孕，并坚持要生下我。她这一生在我身上付出得最多。我是她生育四个女孩儿后意外怀孕得到的男孩儿。因此对我视若珍宝，宛如上帝给予她一生最好的礼物。为了养育我、栽培我，她用尽了所有的心思和情感。

比如，她因为高龄生产，奶水不足，为了给我提供足够的营养，她每天强迫自己喝下好几碗花生炖猪蹄汤。两年后，我健康地长大了，她的体型却再也无法恢复到过去那般纤细苗条。

小时候还有一件事让我记忆犹新。我 5 岁时告诉父母：我不想读幼儿园了！大多数父母不是说："不行，我认为你应该继续读。"就是说："你不该再读了。"但我的父母却把这个决定权交到我的手上，他们明白地告诉

小时候母亲节送妈妈的卡片

我，如果考试通过了，你就可以读小学。

他们一方面帮我分析，如果你现在去上小学，可能是全班年龄最小的学生，与同龄人在一起学习不是更好吗？另一方面也对我说，当然，你想越级去读小学也可以，如此一来你可以学得更快，成长得更好。我很谢谢我的父母从小就用这样的方式教育我、信任我，大事小情他们都会跟我讲清楚利弊得失，让我自己做决定。

上小学时，我就读的及人小学离家有五六公里。虽然每天有校车接送，但母亲为了让我每天早晨可以多睡一会儿，就专门雇了一辆三轮车来接送我。因此，我很小就有了自己的专车。

每天放学，母亲一定会来接我，而且风雨无阻。每次放学看到母亲，我都会高兴得飞奔过去，把学校里发生的大事小情与她分享。有一次我告诉她老师病了，没来上课。第二天，细心的母亲竟然亲自煲了一锅鸡汤送到老师家里。

除了在生活上对我宠爱无度，母亲对我的很多淘气行为也是很宽容的。现在大家看到我在公众面前"一本正经"的模样，大概很难相信我小时候是多么无法无天。

小时候，我因为贪玩，晚上常常舍不得睡觉，有一天突发奇想，何不把家里所有的钟表都拨慢一个小时呢？于是，我趁家里没人，把家里大大小小的钟表都拨慢了一个小时。当晚，我也顺利地多玩儿了一个小时，心里暗自得意。可是到了第二天，全家老小都被我害得晚起一个小时。上班的、上学的，鸡飞狗跳、手忙脚乱。姐姐们怨声载道，恨不得把我掐死。

对于我种种顽皮的行径，母亲私底下也觉得好玩儿，所以她不但没骂我，甚至还在严厉的父亲面前帮我说好话，"幺儿还挺聪明的！"但是另一方面，母亲对我的期望非常高，我的成绩稍有不如意，母亲必会用最严厉的方法来鞭策我，骂我、打我，甚至把书扔到房间外面。

记得才刚上小学几个星期，有位阿姨来家里串门儿。她问我："学习成绩怎么样啊？"我扬扬得意地说："我连九十九分长什么样子都没见过！"没想到，我刚夸下海口，第二次考试就得了个九十分，而且跌出了前五名。看到我的成绩单，母亲二话不说，抓起竹板就把我痛打了一顿。

我哭着说："为什么要打我？""打你是因为你骄傲自大，你说'连九十九分都没见过'，那就给我每次都考一百分！不仅要好好学习，还要改掉骄傲自大的毛病。懂了吗？"

权威又干练的母亲像打造一块璞玉一样，精心打磨我、教育我。直到我自己当了两个孩子的父亲，我才渐渐明白，母亲的性格里有一种很特殊的品质，她很清楚一个孩子的成长过程中哪些行为该严管严教，哪些可以宽容放任。她在我塑成性格的年纪，教会了我什么是严谨和务实，什么是品行和礼仪，什么是快乐和温馨，什么是忠孝和诚信。

母亲无私地为我付出和牺牲，无疑是对我一生产生最重要影响的人了。即便我自己做了父亲，但我对家人及子女的付出，远不及母亲为我所做的。比如在我十一岁的时候，她舍得放手让我单飞，把自己的心头肉送到那么远的地方，就是为了让我受到更好的教育，成为更好的人！这得下多么大的决心啊！

记得她送我走的时候，她知道跟我讲道理可能我也听不懂，所以只交代了两件事情。她说："儿子，你去了美国以后，妈就要求两件事情，第一，要娶个中国人当老婆，第二，每个星期写一封家书。"

本来还以为母亲会交代我什么沉重的国家大事，没想到是这样，我当场痛快地答应了。那时候为了省点钱，还不是信纸往返，是用比较便宜的邮简。每一封邮简，我必须密密麻麻地写满、寄出，然后，她再逐字圈点、改错寄回给我。母亲用这样的方式来确保我到美国不会忘记中文，忘记家乡。

母亲为了照顾我，每年一定会抽出半年时间到美国陪我念书。母亲在台湾是个社交生活非常活跃的人，学生、朋友非常多。但是几十年前的美国没有这么多华人，完全不懂英文又不会开车的她，到了美国，被迫离开自己的生活圈子，整天待在屋子里，没有人可以说话。哥哥、嫂嫂和我每天出门工作、上学，整天就剩母亲一个人在家里呆坐。

母亲唯一的休闲就是看一档猜价格的节目，每天猜一棵白菜的价格是多少，一个杯子又是几块钱。她其实一句英文都听不懂，只能凭节目效果判断谁猜对了，谁猜错了。有的时候她会说，这个人长得蛮帅的，我希望他赢；这个人看起来眼光不善，我希望他输。

我们几乎无法想象一个人怎么会在五十多岁时，跑到一个语言完全不通的国度，放弃朋友圈，放弃每天有人帮佣、不用做家务的生活，过上了每天要早起、烧菜、洗碗的日子，唯一的寄托就是儿子放学回来和她说上两句话。然后，在我遇到挫折的时候鼓励我，见到我永远是笑眯眯的。从我十一岁赴美一直到十九岁，年年如此。

在我得癌症之前，人生的最低潮，莫过于2005年和微软打官司的时候。当时母亲刚刚检查出来有轻微的失智症，但大多数时候她的思路还是清晰的，打起麻将来，厉害得不得了，别说我完全赢不了她，陪着打牌的帮佣更是常常输牌输到愁眉苦脸、目瞪口呆，时时得靠我们暗中给她支援"赌资"。

官司刚开始时，情况看起来非常严峻，谣言满天飞。虽然很多都是子虚乌有的指控，都是完全没有的事，但很多报刊媒体，未经任何查证与思考，便擅自起了耸动视听的标题，把很多事情过度渲染、诠释，甚至无限上纲到抹黑、污蔑我的道德价值。

即便我心中坦荡，但面对这些没来由的攻击，说我完全不会烦忧，那是不可能的，然而，当时我最担忧的事情就是，母亲已经这么大岁数了，为什么我这个儿子这么不孝，还让她为我担心？新闻天天这样播，她每天

妈妈为了我能接受更好的教育，忍痛把我送到美国学习，并每年到美国照顾我半年，直到我十九岁

打开报纸看到标题又该多么伤心！

但我的家人就是这么爱护我、支持我，事过境迁我才知道，他们私底下是多么难过、多么挂念我（我真的非常幸运，有这么多深爱我的家人）。可是最不可思议的是，在事情发生的当下，母亲一如既往地打电话给我、关心我，绝口不提这些令她牵挂、紧张的事，就只是跟我说："儿子，我知道你是最棒的，你要注意身体，一切都会OK的。"

这么简简单单几句话，母亲让我知道她知道我心里挂念的，她也挂念，所以她为了让我不要担心她，专注地打赢这场诉讼，就压抑了那些忧愁、苦恼，自己默默承受。我可以想象母亲当时心里是多么煎熬，但是却又这么平和地跟我讲了这些话。虽然我知道，在一定程度上她是在安慰我，但我就像吃了一颗爱心丸一样，加上有妻子先铃帮忙，面对官司时慢慢也没有那么烦心了。

宝宝在哪里

养病期间，无所事事，我才慢慢体会到"养病"的"养"这个字的含义，是要不急不火、慢慢等待的；生命中有很多时刻，不能用我们所知有限的"意义"来称斤论两。所以，我对于"浪费"时间在许多鸡毛蒜皮的小事上，越来越心安理得了。比方说，一整个下午陪母亲坐在沙发上发呆，或者，一整个周末都在跟姐姐陪母亲打糊涂牌、抛接小皮球。

过去的这十多年，母亲失忆的状态一年比一年严重，我不断告诉自己，反正一年就休这么几天假，大部分时间也都去看望母亲，这样也算是尽了做儿子的一份孝心。可是，当我发现自己的身体状况出现问题，跟她同住时，才有时间深思自己过去的作为，忏悔过去没有好好孝顺她、报答她。

虽然我现在没有办法跟她有真正的心灵沟通，但是至少我可以陪伴她，跟她一块儿吃饭，买她喜欢吃的东西、小玩具。这些年每次见到母亲，一方面因母亲不认得我而难过，总要旁人提醒她："这是开复，是你的幺儿来了。"但又庆幸这样的她便不会知道自己最疼爱的幺儿正在遭受病痛折磨，也不致再因我担惊受怕。转念一想，自己人生最困难的这三个月是和母亲一起度过的，还是有些欣慰：老天待我不太薄。

我常想，那么好强、胸怀大志的母亲，终究敌不过岁月的侵蚀。她还记得自己当年的志向吗？恐怕都不记得了吧！几次送她去老年大学，我远远站着看她跟一群老人在一起，被年轻的老师领着舒展筋骨、玩游戏，我的心情和女儿小时候送她们上学时是一样的。九十几岁的老母亲，现在已经成为我们的老宝贝了，我的老小孩儿！

在母亲九十五岁生日的寿宴上，所有宾客无不赞叹她依旧健朗的身体，大家也很难忽略她日益减退的记忆力；可是他们没看到的是，在生命的轮回中，她其实已经再度成为一个孩子。小女儿德亭在寿宴开始前为奶奶拍了一张相片，她抱怨两腿发痒，我担心她老是忍不住去抓，会把自己抓伤，所以我为她戴上大女儿德宁特地帮她编织的手套。

母亲用自己的方式给予我们无微不至的爱，九十几岁高龄的老母亲现是已经是我们全家的老宝贝

我为母亲戴上手套之后，她便蒙上眼和我玩起儿时的游戏

　　记得小时候我长水痘时，她也曾对我做过一模一样的事。在我为她戴上手套之后，她马上就忘了腿上的痒，用两手蒙住眼睛说："宝宝在哪里？"在我小时候，我也曾对她做过一模一样的事。

　　我亲爱的母亲！我知道，她一定是非常爱我，所以在她连自己的名字都忘了时，她依然记得我们之间的小游戏。

　　德亭带着相机，在一旁守候着如今像婴儿一样随时需要人照顾的奶奶，她跟我说："奶奶似乎丧失了一辈子的记忆和一部分的大脑功能，这让人好心痛啊！"

　　我搂着德亭，跟她说："生命的轮回是非常奥妙的。我觉得奶奶并非逐渐失去记忆，而是在清除忧虑；她的心智不是在退化，而是在净化；她不是在走向生命的落日，而是在走向明日的黎明。"

　　德亭转头看了我一眼，笑一笑，把我搂得更紧了。

　　我亲爱的母亲！宝宝在哪里？我找到了您了。您是一个即将再出生、再成长、充满喜悦、无忧无虑的婴儿。母亲，我永远爱您，不只在这辈子，更是在永恒的生命轮回里，生生世世。

03

六位老天使

知道可能生病后的一次访谈中，饰演乔布斯的阿什顿·库彻（Ashton Kutcher）问我："你相信神吗？"我是这么回答的："我并不是虔诚的信徒，但我相信神的存在，因为我相信世界的奥妙，不是科学可以完全解释的。我相信与一些人的缘分和那种信任，不是友情、亲情可以解释的。我相信善有善报。我相信我们所有的遭遇，必有其道理。"

生病之后，我更相信天地之间有一种无形的存在，也许是人类的集体意识，也许就是所谓的"天地之心"，是一种宇宙意识吧！这些无形的力量，主导了世界的运行，让世间的一切，在一个平衡、和谐的节奏下缓慢展开、推进；因此，这个世界没有绝对的善或恶，只是事物在发展过程中短暂呈现出来的一个片段，必须用更高、更远的视野，才能看清事物的整体本质。

我自认为还没有那么宏观的视野，也必然还有某些不自觉的自我蒙蔽，但我越来越相信，人与人之间的相遇绝非偶然，亲人、夫妻、子女的缘分也必有此生来世的因果，似乎我们是相约来到这个世界，一起完成一个梦想，或是共同学习某一门功课。

就像我的六个手足，就真不知道是何因缘，让一位哥哥和五位姐姐

我跟五个姐姐的合照　　　　　在哥哥家过圣诞节

小时候唯一一张全家福

像六个天使一样环绕在我身边，打我小时候开始，因为是父母老来得子的
幺儿，虽然占尽父母的疼爱，几位姐姐不但不嫉妒，还给了我母爱般的呵
护、照顾。

　　就说五姐吧！打我一出生，父母对她的三千宠爱就全部被我抢过来，

她不但没怪我，还心甘情愿帮着母亲照顾我，而我居然还不知好歹，在我十一二岁时写的第一部武侠小说《武林动物传奇》中，就把她彻头彻尾地嘲笑了一番，直到现在，我们都年过半百了，彼此也还时常相互调侃、取笑对方。

小说一开头首先就声明："书中人物虽为小说性质，但非虚构。"因为我把家里每个人都写进去了，而且还给每个人安上了外号。为了增强效果，我还用说书的方式，把故事录成广播剧，配合敲打锅碗刀叉增加音效，在晚饭全家到齐时盛大播出，大家笑得东倒西歪。

我的大哥、大姐年纪比我大了将近三十岁，在我十岁时，住在美国的大哥回台湾省亲，便建议父亲让我到美国留学接受西方教育。我十一岁离家赴美，在哥哥嫂嫂的家里一住便是六年。可以说如果不是大哥，我就没有做小留学生的机会，也很可能不会成为现在的我。初到美国时，全依赖哥哥嫂嫂照料，对于他们而言，等于是多了一个孩子，而且是一个不识英语，却要进入美国学校读书的孩子。他们每天晚上想尽办法教我英语，让我能迎头赶上学校进度。这六年的牺牲与付出，是旁人难以想象的。

用行动代替口头的关爱

有些人的关爱是嘴上说说，但我的姐姐她们一向都是直接用行动来表示，好比当年我和先铃交往时，五个姐姐一人出两千台币，一共凑了一万元台币给我做恋爱经费，就怕我追不到这个女朋友。她们的这种贴心、细腻，真不是一般手足容易想到的。

这些年尽管哥哥姐姐与我相隔千里，各有自己的人生前途，但距离并不影响我们之间的情感。1983 年 8 月，我从纽约飞到匹兹堡，花了 450 美元在校园附近租了一间房子，等待我的新婚妻子飞到美国和我团聚。当时，我读博士的奖学金是每个月 700 美元，付了房租之后，每个月只剩 250 美元生活费，日子十分窘迫。

打扫完刚刚租来的房间，面对家徒四壁的景象，我真有点儿不知所措。这时门铃响了，我打开房门一看，天啊！我的四姐夫站在面前，他的背后是一辆大卡车，里面装满各种家具和生活用品。"知道你有急用，我集合了三家的家具来支援你。"四姐夫说。原来，姐姐知道我生活拮据，也知道我不愿意接受她们的金钱支持，她们就搜集了各家的生活用品，租了一辆卡车给我送过来。

我愣在门口，惊讶、感动得不知道该说什么才好。等一切摆放停当，我发现我睡着四姐的床，用着三姐的衣柜，厨房里摆着五姐的电饭锅。六位天使张起了温柔的羽翼，让刚刚成家的我，在风雨飘摇之际，把家安定下来。

我想，这一切都得要感谢我的父母。他们一生的行事为我们树立了最好的榜样，在我们七个兄弟姐妹还年幼的时候，就不停地向我们灌输一个观念，全世界和你最亲的人就是你的家人、你的兄弟姐妹。父亲把儿时祖母教给他的那首歌又教给了我们，歌词里把我们七个兄弟姐妹比喻成在天上一起飞的鸟，一个家庭在一起飞，都要彼此照顾、彼此体贴、彼此谅解、彼此支持。

青天高　远树稀　秋风起　雁南飞
飞成一字一行齐
飞来飞去不分离
好像我姐姐弟弟
相亲相爱手相携
青天高　远树稀　秋风起　雁南飞

飞成人字两行齐

飞来飞去不分离

好像我哥哥妹妹

相亲相爱永不离

在我生病期间，几位姐姐虽然各有家庭、工作，但她们却动员全家人，自动排班分工，一起照顾我，还用无尽的耐心，包容我在生病、治疗期间变幻莫测的各种情绪。

比如，医生叮嘱我要全面调整生活方式和饮食结构，最难适应的是，我得从餐餐无肉不欢，改成尽量以有机蔬食为主的清淡饮食。刚开始真是不习惯，不管吃多少，整天都感觉饿，心里也慌慌的。幸好大姐的厨艺甚佳，擅长将普通食材做成美味料理。从记事起，大姐就像是小妈妈一样，照料我们这六个弟弟妹妹。即便她自己正发着荨麻疹，在最需要好好休息的时刻，为了让正在化疗的我能吃得下，早点恢复体力，亲爱的大姐忍着膝伤四处奔波、采买、下厨，每一周都挖空心思，一定要特别为我做好吃的菜。我在病中的时候，每次看到大姐又给我送来好菜，就有一种特别的感动。我知道这是大姐用她自己的方式来表达对我的关爱。

有一天，当大家正在为我的饮食绞尽脑汁时，大姐打来电话说她做好了一锅素羹，要我留着肚子吃。我一想，又是素的，心里就有了几分沮丧。没想到当她端了一大碗羹到我面前时，撒上白胡椒粉和芫荽的羹汤香味扑鼻，口感上也完全无法分辨荤素。我吃完了一碗，嚷着还要一碗，大姐得意地拍拍胸脯说："你看吧！以后要吃好吃的蔬食料理，就看我的喽！"

在治疗期间，因为大量用药，口味一直在变，明明过去很爱吃的料理，常常莫名其妙地看了就倒胃口。有一回，我刚做完化疗，虚弱地躺在病床上。大姐在百忙之中特地一早到市场去，买了最新鲜的鲑鱼头给我炖汤喝。那可是我从前最喜欢的一道汤品，可是，当她匆匆忙忙送到医院，保温提锅的盖子才刚刚掀开，我一阵止不住的恶心，冲口而出："拜托！拿走拿走！"

大姐还没搞清楚状况，被我这么一吼，手忙脚乱，一锅鲑鱼汤简直不知道该往哪里放才好。我心里虽然觉得过意不去，也没力气说什么。几日之后，等我情绪稍稍平复，跟她说抱歉，她却笑着说："哎呀！你不知道，那锅汤最后便宜了你二姐和二姐夫，还抱怨好久没吃到我烧的鱼汤呢！"

第一次住院时，住在纽约的四姐、四姐夫刚好回台湾。他们坚持要在医院陪我。那次虽然是做了一个腹腔镜的小手术，但术后的疼痛还是很折磨人，半夜起来上厕所尤其不便。四姐夫到医院来探视，还坚持晚上留在医院照顾我。

我哪好意思麻烦他啊！没想到他说："我这人哪！走到哪儿睡到哪儿，睡在医院跟睡在家里完全一样。而且我还有个长处，一有动静马上可以醒来，醒来之后倒头又睡，除了我，你们之中谁能有我这个长处？"

看四姐夫说得认真，四姐也在一旁频频帮腔，我就勉为其难地答应了。我们平时天各一方，很少有机会碰面，在这种情形之下，难免有些生分客气，可是那几个晚上，他帮我检查伤口、夜里保持警醒状态，手脚麻利地起来陪我上厕所，男人照顾男人，确实是方便多了。而且，也真是难得有机会可以这样聚在一起，我精神状态稍好些时，和四姐、姐夫就天南地北地聊，简直就像当年在宿舍里摆龙门阵一样，聊得高兴忘我，我不仅忘了疼痛，他们也忘了提醒我吃药，哈哈！等其他姐姐来交接班时，害得他们被臭骂了一顿。

此外，二姐、姐夫每天都来看我，每天早上给我送一杯自己榨的果蔬汁，而且一定要在三十分钟之内送到，以免氧化作用破坏了果汁中的维生素。除了果汁，他们还会带来各种美味的蔬菜，还有开刀后需要喝的鲈鱼汤。三姐远在美国，她的专业就是帮医生做血液分析、判断，需要补充哪些食物或维生素，她都很清楚；所以，她每星期都打电话来仔细询问我的化验、治疗报告，再给我具体的建议。

五姐从小节俭，每次得意扬扬地拎一大袋快坏的水果回家，还直嚷嚷说自己捡了个大便宜。父母也不好数落她这种"丑德"，逼得我们不得不从一堆已经发臭发烂的水果里面挑出可吃的。

如今五姐是资深的心理咨询师，研究另类医疗多年，除了陪我上医院，她还负责为我做心理辅导，又帮我介绍很多的新朋友，引导我开始探索身心，更全面地去理解疾病的本质。

说起我五姐夫，我也真是满心的感激。从一开始到医院检查，再到后来复诊、看报告，常常都是他跟五姐忙里忙外地就近帮我张罗。我在台北做各种初步检查时，他们总是想办法抽空陪我，要不就是等我看完门诊后陪我好好吃顿饭。

有一回，我刚做完大肠镜检查，空腹了二十几个小时，我真是饿扁了。五姐跟五姐夫早就在附近的一家餐馆订好位并点了菜，可是才坐下来吃没两口，我的裤子竟然渗出血来，我当场吓呆了，心想一定是肠道里的肿瘤被戳破了，赶紧回去找医生处理。他们饿着肚子陪着我折腾了大半天，一桌的好菜打包回家，滋味都变了，五姐夫非但没一句怨言，平时木讷寡言的他竟然说："反正你姐姐平时也没时间做菜，这下我可以饱餐好几顿了……"

生病前四处奔波，只是恣意享受手足亲情，以为是天经地义、理所当然，从未细想这些缘分是多么难得。病中屏退外缘，专心面对自己，我才警觉到我何德何能，竟有几位如兄如长般的姐夫，跟姐姐们一样无私地爱护我；在我和大哥旅居海外时，他们又都能善尽半子之责，事事周全，代

先铃就像天使一样，只要她在我身边，一切就都安定了

我在父母面前尽孝，省去我不少牵挂。而我却没能回报他们什么。

我知道，亲人之间的谢意是不必言语、只存在心上的；而且，无论我有没有表达谢意，我的老天使同样会给我满满的爱。你说，如果我们是相约来到这个世界，我们的共同使命是什么呢？我相信，天使之爱不求回报，她们是来点亮人间，到处散播温暖、善意的，我也愿意将我所领受到的温暖与善意，尽我所能地散播出去。

04

古之真人

2015 春节前，我结束了长达 17 个月的病假，重新返回工作岗位。我从台北出发，先飞往北京，再从北京飞到香港、新加坡和欧洲；一站一站去拜访投资人，也顺道去旅游。

出发前先铃帮我整理行李箱，她若有所思地问："你不会又过回从前的生活吧？"

我从电脑屏幕后抬起头，深深地看了她一眼，说："不会！你放心！"我知道她担心什么。过去，我常为自己的"高效能"感到自豪。比方说，我要求先铃帮我把一套套的换洗衣物叠好装入袋子里，方便我随时一抽就可以出门上飞机。我也曾在微博上说，我出差时只需带一个小箱子，箱子里可以装上 16 件衬衫，而且件件抽出来就能穿，从来不皱。

网友不信，我就再发一条微博仔细说明先铃叠衬衫的秘诀。后来我才知道，在我出发前一晚，先铃为了帮我整理行李，熬夜忙到了两三点，我真惭愧，只要我需要，先铃随时可以帮我解决类似的难题，让我从最高效的生活中获得足够的支持力量，全力奔向事业的目标。

好几次在病床边，先铃要我向她再三保证，再也不过以前那样的生活了！她说："我希望我的一切付出都是在为你创造幸福，而不是为你创造效率！"她确实是一个善于创造幸福的人，而我却"暴殄天物"，把她的慧心巧手浪费在帮我追逐效率上。

不过，正因为有了她的慧心巧手作为后盾，我才能够在人生的前半段毫无后顾之忧地挥鞭驰骋在事业的疆场上。1983 年 8 月，我还不到二十二岁，在我决定攻读博士学位的时候，我就觉得应该要先把家安定下来，专心读书。那时候我跟先铃才认识不久，可是她却让我有了一种强烈的安定感，我知道她将是我一生最稳固的轴心力量。

毕生唯一心愿

刚结婚时，我在经济上非常拮据，全靠我那微薄的奖学金支付每月的家用，勉强度日。因此为了存一点钱，我们租了间很旧的房子，自己刷油漆、买旧家具，凑合着住。后来发现那个房子里有非常多的老鼠，想想一个二十出头的女孩子每天在家里想着要怎么打老鼠、处理蟑螂等各种问题，会是怎样的惨况！其实先铃非常爱整洁，从台湾舒适的娘家远嫁到美国，却住在一个满屋都是老鼠和蟑螂的房子里，更难得的是，她竟然从来没有跟我抱怨过。她总是为别人着想，为了丈夫的工作、孩子的学业，一点儿私心都没有。

我每次换工作、搬家，看起来都是一次非常华丽的转身，找到了一个更大的舞台。而且我要求自己，每份工作都是今天辞职，明天就开始新的工作，甚至要对外开个记者会，让全世界都知道，我有更伟大的事业、更充分的发挥、更大的影响力。而我从来没有想到这会对我的家庭，造成多大的牺牲。每一次，当我把整个家连根拔起的时候，她们就失去了原有的一切，交友圈、生活环境被迫改变，都得重新适应。当我在建立人脉，认识更多的人，把事业推向更高层次的时候，她们其实放弃了很多东西，但是这么多年来，先铃毫无怨言，全心全意支持我的决定。

先铃看起来很柔弱，但在遇到大事时，却显得特别坚强。记得在微软官司陷入胶着状态的时候，微软指控我在《如何在中国成功》这份数据中引用的"不当数据"，是将微软的内部数据公开。若不有力反驳，这项指控将使官司一败涂地，我回到中国工作的愿望瞬间破灭，事业前途也将受到沉重打击。

就在万念俱灰的时刻，我第一个想到的人就是先铃。我在机场立刻拨了一通电话给她："完了！"这是我当时说的第一句话。平时都是我当她的靠山，我是她的精神支柱；可是那时候，她不知道哪儿来的沉着、冷静，她在话筒那头一步一步引导我从慌乱中静下心来，想想下一步该怎么应对，该从哪个方向找寻资料证明我的清白。她当时出的一招儿，最后取得了战略性的成功。

正好当时家里有一尊观音像，被我不经意地和旧家具一起卖了。我们本来也不是虔诚的佛教徒，可是，先铃认为佛像是不能送人的，尤其在我面临了这么大的官司和人生灾难的时候，这么不经意地让一尊观音像消失，可能带来很大的麻烦。于是她凭着记忆一个一个地去揣想去处，支票一张一张地翻，电话一个个地打，全凭她一己之力，就把这尊观音像"请"回来了。

某天早上我到书房，看到观音像下面镇着一张纸，上面写着："观音像'请'回来了，你就专心渡过这个事情，他一定会保佑你的。"原来观音像里头还塞有一张字条，上面写着：希望丈夫事业有成，全家平安健康。就这两句话诠释了她这一生辛苦的目标——全家安康，孩子平安长大，丈夫的事业能够依随其心发展顺遂。我知道，她为了这两个愿望付出的非常多。

散播温暖与爱的糊涂蛋

回想刚结婚的五年，我为了做博士论文，每周都只有半天或一天陪她，其他时候，我每天工作十七八个小时，于是在博士论文的扉页，"我感谢妻子对我无私的奉献，无怨无悔地支持我、照顾我，我也许无法偿还她所付出的一切，但幸运的是，我有一生可以试着做好！"我这么写道。然而不仅那五年，她嫁给我的这三十二年来，不只是写论文期间没法陪她，之后我一直忙于事业，当我抽空陪她们的时候，也总是想着公事。我们结婚到现在，全家也只旅行过两次。病中忆起过去的种种，我暗暗告诉自己，我的妻子及女儿就是我这一生的一切，从今天起，我不再只把剩余的时间分给她们，我要把她们放在我生命中最重要的位置。

第一次住院开刀时，虽然只是做了一个腹腔镜的小手术，但因为是罹癌之后的第一次手术，觉得前路茫茫，心里空荡荡的。虽然有姐姐、姐夫无微不至的陪伴照顾，但因为先铃必须留在北京陪伴还在上学的德亭，进手术室之前，我心里有一股说不出来的落寞，仿佛生离死别之际，却看不到最亲的人。即使在麻醉药的作用之下，脑袋昏昏沉沉，但那种强烈的失落感却特别清晰。后来，等我醒过来，姐姐们争着说为了庆贺我手术成功，大家要合起来送给我一个大大的惊喜，我怎么也猜不出来是什么。

记得那天傍晚，正是下班的高峰时间，我躺在病床上，还带着沉重的倦怠感，隐约听到马路上传来的车声人声，想到自己被那种生气蓬勃、气吞万里如虎的生活隔绝在外，心里有种说不出的郁闷。然而，房门一推，先铃那张笑吟吟的、我再熟悉不过的脸庞，就在一片欢呼声中出现在我面前；像阳光一样，一下子就将我心中的阴霾扫得干干净净。先铃了解我喜欢意外的惊喜，特别费尽心思安排，果真让病中的我备感温馨，让我永难忘怀！

所以后来，等到确诊是滤泡性淋巴癌第四期，我必须经过至少半年的化疗，以及长达两年的标靶治疗，我就要求先铃无论如何都要守候在我身边。我知道，只要有她在，一切都安定了！有句话说："修己以安人，修己以安天下。"不看别人，光看先铃，她就是活生生的一个例子。不只是照顾我，她的父母姐妹，也都仰赖着她。她就像天使一样，只要她的足迹走过，一切都安定了。

生病后，我更依赖先铃了，非要她守候在身边，因为只要有她在，一切都安定了。先铃陪我住院，太累，在床边睡着了

可是，像她这样自然而然从自己的内在光明中散播温暖和爱的人，却是一个标准的糊涂蛋。我始终想不透，这两种极端怎么可以如此和谐地存在一个人身上？每次她做了傻事，我和两个女儿就会说"so cute"（真可爱）。她刚开始还很乐，觉得我们在夸她，后来才知道我们是不怀好意地用"暗语"笑她。我跟两个女儿挤眉弄眼地嘲弄先铃说："妈妈怎么那么笨啊！"而她却总笑嘻嘻地说："人家我是大智若愚！"

她确实是大智若愚，她话不多，没什么夸夸其谈的大道理，斗嘴耍赖的时候永远是我们父女三人的手下败将；她的灵巧聪明都体现在行动中：她永远忙个不停，家里永远一尘不染，厨房里随时都备着食物，我们大大小小每一个人的衣服、袜子甚至内衣裤，她都要烫得比洗衣店还要平整——以至于我们常要把衣服偷偷藏起来，免得她太辛苦。

病中，她每天费尽心思变着花样替我准备100%健康的食物，无油、无盐、无糖、无添加。而我的口味变来变去，脾气也变得很古怪，她却一句怨言也没有，除了担心我过犹不及，喝生冷的果蔬汁太多。

我们算是老式相亲认识的，约会见面三个月，通信九个月就结婚了。我用几位姐姐给的为数可观的"恋爱基金"，带她吃遍了全台北，先铃常说她是被我骗吃骗喝骗来的。可是，刚结婚不久，我就发现她的迷糊可不是普通级别的。据说她小时候上下学乘车，公交车线路号码只看一个数字，比方说"310"路公交车，她只要看到有个"3"字就跳上车，上车后一坐下来就睡，一睡就睡到终点站，然后不知自己身处天南地北，最后是公交车司机打电话叫爸爸妈妈把她领回家。

说起她的考驾照经过就更精彩了。光笔试就考了三回，第三次失败，她哭了起来，我连忙安慰她："哎呀，这回一定很难吧？不打紧啊，再努力就是了，出门不方便我们再想办法就是……"

她抽抽搭搭地说："不是，我哭是因为这次的考题怎么和上次一模一样啊？"

我一听更不懂了："一模一样你便是有经验，这不是最好了吗？"

"不，上次我答错的是记住了，但上次答对的都是蒙的。这次蒙错了。"

虽然她开车的操控技术很好，但坐在一旁看她开车，很难不被她吓出一身冷汗。原来她这个大路痴出门分不清东西南北，全依仗着一本小笔记本在开车，但只要一个转弯走岔了，她就完全不知道该怎么办了！除了辨不清方向，她的迷糊，到现在也没改。丢钥匙、找眼镜，一出门就忘记回家的路。我们那阵子住在天母棒球场附近，在那一带出入大半年的她，还是弄不清楚新光三越和大叶高岛屋究竟该往哪个方向去。有一回，我忍不住抱怨说："我简直就像是专门给你带路的嘛！"她得意地说："我命好啊！有一条导盲犬随我使唤！"

我最珍贵的资产

有一天，我们一大早出门爬山，那是一条往上爬升的陡坡路，她腿力没经锻炼，才走没多久就哇哇叫，我又哄又骗，把她拐到半山腰。她最后指着前方一个路标，给我下了最后通牒："我不管，走到那里，我就要回去了。你回不回去？"

我故意激她："我不回！你看！人家都是老先生、老太太，你好意思走这么点路就回去！"我就看准了没我带路，谅她也没法自己下山回家。

没想到，我自顾自走了一大段路，猛一回头，她悄无声息地就不见了！我赶紧打电话找人，结果她笑眯眯地在山下纳凉，等着我回头去领她呢！

有了这一次经历，下次爬山，我再也不带她了。那天一大早，我独自出门，才走到半路，就接到她气急败坏的求救电话，说她才刚刚进了电梯门，"一不小心"，就把手上的钥匙掉在了电梯门缝里。没想到半路上又接到她的电话，这会儿她开心地说："你不用赶回来了，你知道我有多幸运吗？电梯维修人员刚好在我们家附近，他们帮我在地下室的电梯底层找到钥匙了！"我哭笑不得，回到家，发现电梯门和楼梯板之间几乎是看不到缝隙的，就算我刻意把钥匙塞进去也不太容易，真搞不懂她是怎么"无意间"把钥匙掉下去的！

就这样一个迷糊的女人，却成为我这一辈子仰赖的贤内助！我也不知道她到底拥有什么魔法！她的魔法，大概就是她的无所用心吧！

所以我不止一次开玩笑地说："你呀！脑袋拿到大街上卖，一定可以卖个好价钱，因为还是全新的，没用过！"

没想到，朋友听完我的描述，哈哈大笑之余，还认真地说："先铃可称得上是'上古天真之人'啊！"

按朋友的解释，所谓"上古天真之人"，是说她的心、她的脑袋还是纯净无瑕、没有被文明社会污染过的；最接近上帝亲手创造的"真人"。而我们这些人的大脑里面，已经充满各种被文明浸染过的邪思杂念，只能算是后世的"盗版人"。

想想也是！身边有些人总觉得她没上过班、没经过社会历练，处理事情有时候糊涂。可在我看来，她的心就像高山上的湖水一样澄净、透亮，把一切都映照得清清楚楚。

你说她笨吗？一点也不！人家耍心机算计她，她谈笑用兵、不费吹灰之力就闪开了。这样一个超级迷糊的人，却拥有超乎常人的直观。在很多时候，她反而成为我的"导盲犬"，一路领着我，让我依从内心，不必费心去想该怎么迎合别人。每次我在工作上遇到技术之外的困难，包括我的疾病，她都气定神闲地跟我说："相信我，绝对没问题！"

治疗期间，我有点病急乱投医，只要听见哪种疗法可能有效，我一定会试试。除了饥不择食猛看书，乱听各种医生给的建议，还吃了一堆健康食品。别看先铃平时是感性有余、理性不足，遇到这种事，她还是比我理性得多。在我坚持采用极端手法、按表操课时，她就亲身体证，提出修正意见，我不依，有时还跟她闹脾气。

饮食如此，药物方面她就没办法了。可她还是从没办法当中找出了釜底抽薪的办法。生病之前，我的公文包里随时可以翻出三五种药物，生病之后更是如此，满满一柜子都是各种药物和健康食品。先铃几次警告我，说我这么吃下去，小心将来要洗肾。我很有把握地说："怕什么！反正到时候你一定会给我一个肾！"

"哈！承蒙看得起！到时别怪我换一个猪肾给你！"先铃立刻搞笑回应。

后来趁着陪我回诊的机会，她就跟五姐串通好，把我吃的药全部带到医院，在唐医生和一群实习医生面前狠狠地告了我一状。当着那么多人的面，我像个做坏事被逮住的孩子，脸都不知道该往哪儿搁。唐医生看到我的药摊了一桌子，他摇头笑道："李先生，这么多药你吞得下去呀！"他一样一样挑出来丢到一旁，最后只剩下很少的一点点给我："喏！就这些，其他的都不准再吃了！"医生的口气斩钉截铁，没得商量。先铃跟五姐在一旁笑得可开心了。

三十几年的夫妻，琐碎的事说也说不完。就像大女儿德宁对我们说的："你们两个能遇到彼此是此生最幸运的事！"孩子的眼睛是雪亮的，经过几次大风大浪，我越来越确信，如果不是先铃还保有"上古天真之人"的纯净、坦然，我无法安稳渡过这一路上的坎坷波折。病中准备遗嘱时，回顾一生，惊觉我最珍贵的资产就是先铃！

2014 年年底，我的外甥邀请我在他的婚礼上做他的证婚人，他的新娘是我的室内设计师。我的证婚词里有这么一段话：

> 成功的婚姻不是建立在安全、拥有的基础之上，而是建立在平等、自由之上。婚姻不是在制造罪恶感的义务，而是彼此互补，彼此互谅，彼此互相扶持的过程。与自己最爱的人共度生命之旅，分享权力，分担责任，才能沐浴在光辉中。就像你们刚才交换的戒指：象征合一，而非占有；象征结合，而非限制；象征环抱，而非羁绊。

> 婚姻就像一幅画，由你们两位画家共同绘制。你们的爱情是这幅画下面坚韧的画布。过去三年，你们的每一次相聚和分离，每一次相思和拥抱，都在不断地拉伸着这爱情的画布，强化它的坚韧与弹性。未来六十年，你们浪漫的理想、共同的嗜好，还有爱情的结晶会是最灿烂的颜料，让你们在这爱情的画布上画出绚丽永恒的一幅画！祝福你们：把爱情作为婚姻的基础，婚姻作为爱情的见证。祝福你们婚姻如诗如画，充实美满！

这真是我三十年婚姻生活的心得体会。夫妻携手，一起闯荡人生，我很幸运能够跟先铃共组家庭，绘制人生的彩图。虽然真实生活里我从来没有亲口对她说，但午夜梦回，我觉得，如果不是她守护着我，我大概也没有办法守护我自己……

谢谢你！我爱你！

前几天我翻开我的博士论文，第一页就是我们结婚第五年时感谢完美妻子的话。或许我永远无以回报她的付出，但我会用一辈子的时间来努力。

Finally, I wish to thank my family and friends for their support. I am especially grateful to my mother for everything she taught me and for all the sacrifices she made in my upbringing. Most of all, I thank my wonderful wife, Shen-Ling. She patiently looked after me when I was busy. She never had a word of complaint when I was negligent. She comforted me when I was discouraged. I may never be able to repay her, but fortunately, I have a lifetime to try.

Kai-Fu Lee

05

我的开心设计师

写书期间，我拜访了母校的前任院长和新任院长，并与他们共进晚餐。新任院长年方五十，胸怀大志，高谈任内学生与经费倍增计划。年届七十的前任院长打断了他，问："你的孩子多大了？"

"十岁和十五岁。"院长对这个问题感到纳闷儿。

"你和他们在一起的时间有多少？"

"以前每个周日在一起，但是自从当上院长以后就很难了。"院长说。

前任院长说道："看在老天爷的分儿上，多陪陪他们吧！我当院长时，小孩才一二十岁，从来没有和他们很亲近。我总是想着学校里的（大事）。现在他们四十多了，想看到他们都很难。孩子一转眼就长大了，永远不会

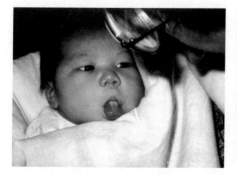

和大女儿彼此吐舌头

和小女儿彼此吐舌头

回到当年，错过了才是终生的遗憾。"在一旁的我听了深有感触，生病前的我就像现任院长一样，忙着追逐事业，忙着追求最大影响力，不知不觉中和我的宝贝女儿们，渐行渐远了。

初为人父

大女儿德宁出生在美国加州，她出生那年我才三十岁，我永远记得第一次将她抱在臂弯的那一刻，那个新鲜激动的瞬间。那是一种永远让我陶醉的感觉，是那种将我们的一生都联结在一起的"父女情结"。我总是唱着自己乱编的催眠曲轻摇她入睡，当我终于把女儿放下时，常常觉得既解脱又惋惜，一方面是因为她终于睡着了！另一方面，我多么希望自己可以再多抱她一会儿。

我的德宁不但长得可爱，而且是个特别乖巧、体贴的孩子，既听话又有礼貌。在我们忙着盖房子的时候，三岁的她就在车上吃着汉堡包，唱儿歌，唱累了就睡觉，一点都不抱怨。

我把母亲对我的爱与呵护，都转加到了德宁身上，我给她盖秋千、做沙池，每天晚上讲睡前故事，做尽了各种好玩的事，比如说我们在 iPad 上玩画图猜字游戏，我有时候就会把一些我们之间的趣事也画进去。旋转木

我们曾在未建完的房子里面合影。女儿怀念那个时候，并为此画了一幅画

马是每个小女孩儿的最爱，每到周末我们就去儿童乐园、迪士尼，只消听见她开心地咯咯笑，我所有的烦忧便都飞到九霄云外去了。

我和大女儿玩 iPad 游戏 Drawsomething 时，我手绘的爸爸哭着想女儿

她渐渐长大后，我们最常一起玩的是在线游戏，只是我非常好胜，即使跟自己的孩子对打也丝毫不让，从跳舞机到电动游戏，德宁没有一项赢得过我，搞得她很生气。终于有一次，她在 PC 上面装了一个游戏，叫作 Icy Towers，她自认为打得很好，肯定可以赢过我。可是有天早上她一觉醒来，发现前十名都被我洗掉了，失望地说再也不跟我玩了！我连续几天苦苦哀求，扮鬼脸、搞笑，她才勉强答应"留校察看"，看我日后的表现……

德宁承袭了妈妈的很多优点，按照妹妹德亭的说法："妈妈是超级、超级无私的人"、"姐姐是超级、超级节省的人"。上街购物，德宁总是先挑特价商品；她自己在美国生活，我们常提醒她生活不要太节俭，别忽略了健康。有一回，为了买一件 80 美元的学习用品，在 Skype（即时通讯软件）上跟我们讨论了好几次。

"零用钱不够吗？我捐一点给你！"妹妹很大气的，对姐姐尤其慷慨！

"拜托不要那么节省，这是你上学该用的，不用考虑那么多！"我插话了。

"……好吧！我再找找有没有更便宜的。"她还在犹豫！

"不用找了吧！节省时间重要还是省钱重要？"我很坚决。

随着我的工作越来越忙，我们从加州搬到西雅图，又从美国搬到了中国，忙到最后，即便同住一个屋檐下，两个女儿和我也可能好几天见不上一面。到了周末我就尽量弥补，一家出去吃点她们爱吃的美食，看场电影。我一直认为自己做到这样已经是我的极限了，然而，现在回看仍不免有些遗憾。

珍惜相聚的时光

刚得知自己得了癌症时，我还不敢惊动女儿们，特别是德宁一个人在美国，我更不想让她担忧。后来她从先铃那儿知道了，难过得不得了，泣不成声。我明白她的忧愁与害怕，更舍不得她伤心，只能一直安慰她放心，"我有最棒的医生，一点都不严重，很快就会没事的……"

这一场大病让我想到，当孩子大了，大学毕业了，做父母的能和他们在一起多长时间呢？如果他们住在外地，其实每年的相聚时间也就是一周。就算我们还能活三十年，那也仅仅是三十周的时间。

万一我病情加重，就这么离开了这个世界，和大女儿也许就只能见最后一两次了。就算我身体好了，她们以后开始工作了，如果终身伴侣在美国，我和她们相聚的时间也就每年一周或两周。过去错过的，我再也不会轻易放过；旁人或许无从想象我内心的急迫感，因为我曾经差点失去所有。

　　德宁去年暑假返台前一天，先铃忙着采购食材、构思菜谱（满桌的好菜就是她向女儿诉说爱的语言）；我跟妹妹德亭就忙着上网找图片、组图、打印出来。忙了一个下午，从玄关开始就贴满了德宁最爱的小兔子吃甜甜圈和冰激凌的图片，还用五颜六色的海报，印了几个斗大的字——"欢迎小兔子回家！"

　　临到去机场接机才发现，我真是太心急了，竟然都忘了两地的时差，提前一天就跑到机场去，扑了个空。跑了两趟，好不容易才盼到女儿熟悉的身影。我跟先铃一左一右，紧紧抱住她。

　　我看着她，得意地说："你看！我以前没时间接你、送你，这次你回来一次，我接两次，够有诚意吧！"

　　"哼！真有诚意的话，等会儿玩游戏就别让我输光光！"她扮了一个鬼脸，作势抡起拳头要捶我。

欢迎女儿的小兔子海报

女儿最喜欢的小兔子

德宁给我做的素食比萨

德宁不愿意随波逐流，我很开心

女儿最爱吃冰激凌

"哈哈！不敢了，不敢了！"

在家的这一阵子，我常看她一边两手飞快地织毛衣，一边跟我们谈天说笑。没几天，一件件别致的毛衣、围巾……就展示在我们面前。她也加入了妈妈的阵营，开始严格地管理我的饮食。比方说，为了诱导我吃更多健康食物，她特地去买了很多有机食材，烤了极为美味的素食比萨给我吃。上面是美味的奶酪、洋葱、菠萝。我不想吃太多面粉，为了配合我，她居然在网上学会了如何用西兰花配少许黑麦做成比萨皮。

你爱的是我还是我老爸

德宁从小品学兼优，拥有名校的双学位，成绩出众，她有很多机会可以涉足高端时装界，与全世界声名卓著的时装设计师一起学习、工作。但几经考虑之后，她不想走那条路，而是想走自己的路。她慎重地跟我说："爸爸！要进入那个领域，我必须做很多不开心的事！我可能要想尽办法去巴结那些大牌的服装设计师，还要跟着时装界的游戏规则设计那些非人穿的衣服，我不喜欢这样……我更想设计更多人能穿，而且穿起来又舒服又好看的衣服。我还想设计好玩的衣服，穿起来让我们想到最快乐的儿时时光。我还想帮弱势群体设计一些衣服，例如常坐轮椅的人，买不起鞋子的孩子……"

"我支持你！做自己感兴趣的工作是最重要的。"我很清楚她低调、不愿意随波逐流的个性，看她这么清楚自己不要什么，我真的很开心！

有一天妈妈和妹妹出门了，就我们父女俩在家，她跑到我的书房，开始跟我聊男朋友的事。女儿从来不希望同学知道她是我的女儿，用她的话说，因为"如果有男孩子追我，我不知道他是喜欢我，还是喜欢我老爸"。

但这回说着说着，她突然丢了一句："你帮我介绍算了。"

我故意掩面大叹："你以前都不让我介绍，过去这两年，我和两岸创业者开会常常都乐于和他们合照，还都把照片留下来。要不要哪天给你看看，有没有你中意的啊？"

她后来眼珠子转了转，看着旁边的地板，低着头跟我解释："其实以前你给我介绍的都不怎么样，而且我也觉得你年轻的时候好 nerdy（宅），所以对你介绍的人都不太认可。以前我总在等一个年轻版的王力宏出现，虽然妈妈说外在不重要。"这小妮子！说到外表我抗议哦！

"后来呢，我看你其实真的是个好爸爸，也是个好老公，尤其这次回来更是这种感觉。所以，我觉得我要找老公，其实就是……要找爸爸这样的。你下次替我物色的时候，就用自己做标准好了。宅一点的没有关系啦。"

先铃一进门，我立刻很自豪地向她炫耀："女儿说要找我这样的老公！"

"哎哟，怎么标准突然降低啦！"

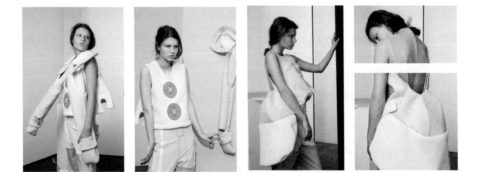

德宁的设计作品（金潇阳摄）

父母能为孩子做的

在《最后一堂演讲》里面，兰迪说每个人都有儿时梦想，那是最纯真的，不被世界遮盖、污染的。兰迪告诉我们，想知道每个人真正的梦想得回到儿时，那时的我们最纯真，丝毫没有被社会文化所改变。而且，每次梦想被打击（比如父母告诫不可以从事某种职业或嗜好），它都会慢慢缩小，到最后，我们就成了没有梦想的人了。

我很想和各位家长分享的是，应该从儿时就给子女机会发展自己，这是很重要的。我可爱的女儿，你们是否还保有自己的梦想呢？请你们不要太担心将来自己要做什么样的工作，也不要太急功近利。尽兴选择你的点吧，要相信有一天机缘来临时，你会找到自己的人生使命，画出一条美丽的曲线。

06

守护一个快乐摄影师

"德亭，你过来坐一下，我有话要跟你说。"我父亲说。

我父亲一向诙谐风趣，但这次他严肃的口吻让我很意外。

"我被诊断出患有淋巴癌。他们发现了二十多个肿瘤。"当他进一步解释时，我感到自己的心慢慢被撕碎，泪水止不住地流下我的脸颊，大脑一片空白。

"有什么是我可以做的吗？"我问他。

"我非常幸运拥有一位很棒的医生，许多人都没有这么幸运。别担心。我会好起来的。"

"几个月之后，他康复了。化学疗法有效地根除了这 26 个肿瘤。但是我父亲说"许多人都没有这么幸运"的话语，一直萦绕在我的心头。

这是小女儿德亭在申请大学时所写的一段话，我想，这次的癌症不只改变了我自己，一定程度上也改变了我身边的人。如果不是我病了，我恐怕没有机会透过小女儿德亭的青春期叛逆行为，发现她有这么多让人惊喜的美好特质。

德亭从小就是很有个性、古灵精怪的孩子，从小就很有自己的想法，常让我们做父母的感到头疼

我的大女儿德宁相对幸运，儿时得到了充分的爱与陪伴，无形中让她的心底有一种自信与踏实，性格、学业一路平顺。而德亭虽然活泼外向，交了很多朋友，但是她的内心深处总担心自己不如姐姐优秀。

学校老师总是问："你姐姐是李德宁啊？你姐姐品学兼优，你呢？"听多了这些话，她心里肯定不好受。其实，我认为她俩一样聪明，但因为我工作的缘故，德亭童年时我们经常搬家，并且没有百分之百的父爱陪伴，使她没有真正发挥潜能，成为最好的自己。

有一次，我和她聊到过两年高中毕业以后，大学如何如何。她忽然小心翼翼，很认真地问我："爸爸，我高中毕业你会不会送我礼物？"

"行啊！你想要什么毕业礼物？照相机吗？要什么礼物都没有问题，爸爸一定送给你。"我毫不犹豫地回答。

"其实，物质的礼物我都不需要，姐姐去读大学时候，你给她写了一封信，我会不会有？"她带着恳求的语气，艰难地开口说道。

我顿时心痛不已，却又感到万分抱歉！我实在不是个称职的父亲，小女儿居然会认为我爱姐姐更胜过她，担心我只写信给姐姐而不写给她！我也才惊觉到，她在童年时没有得到足够的父爱和关注，这带给她的影响如此深远。

创意无限的叛逆少女

德亭从小就很有自己的想法，她的个性不像姐姐那么和顺、乖巧，小脑袋瓜里装满各种奇思妙想，如果我们跟不上她的思考节奏，她就会给我们出难题。

她两岁的时候，为了吃糖，就把一个个抽屉拉开，当作楼梯爬到顶层拿方糖吃。我们跟她说口香糖千万不要搞到头发上，她就偏要试试看，然后只能自己把头发剪掉了一部分。她拒绝吃蔬菜，被逼急了，她会用剪刀剪碎当药吃。

这些例子虽然顽皮，但还不是太过分。随着年纪渐长，她就开始做各种坏事，比如说说小谎、拿别人的东西等，是一个蛮叛逆的孩子。我想尽办法都无效，后来灵机一动，用Microsoft Publisher（桌面出版应用软件）做了一份"假报纸"，头条消息是一个被处决的大坏人如何从童年开始变坏的故事。而那个大坏人小时候犯的错，和她有许多"巧合"。我们让她无意中看到这篇文章，吓得她把坏习惯立刻都改掉了。

可是，新问题还是不断出现。她的成绩一落千丈，而且在高一的期末，老师打来电话说，你的女儿这学期没有交过一次作业。然而，她似乎对成绩一点也不在乎，面对那些需要背诵的课程，她根本连书都不想打开。这时候，她不但别想进一所好大学，就连能不能拿到高中文凭都是未知数！

我试图调整心态，希望能用无止境的耐心，等待孩子的成长。和德亭相处遇到挑战时，我曾经发过这样一条微博自嘲兼自勉：

有个笑话说："当我十四岁时，我受不了我的父亲，他愚蠢极了。但到了我二十一岁时，我很惊讶他在这七年之间变得这么聪明！"依照这个原理，我应该正在变聪明的过程中！

　　和大多数父母一样，在忙碌的时候，把性情和顺、遵守规律、从来不惹事的孩子当作好孩子；把成天给你出难题，没事给你生出一堆事的孩子当作坏孩子。这样慢慢就形成了恶性循环。直到有一天，德宁告诉我，妹妹很不快乐，因为她不喜欢自己。我听了十分惭愧。我一直以为自己是个开明的爸爸，我们也一起玩、一起疯，我从来都没有忽略过她，可是我却一再错过她内心最幽微、最细腻的感受。

　　孩子的成长不等人、父母的衰老也不等人，可是，我们总是想："等忙完再说吧！"于是，年年岁岁，生命中许多重要时刻就一再地错过了。我从前曾写文章谈每个人的天生才能不同，我以乔布斯为例，说他如果生在中国，他一定没办法适应许多需要记忆、背诵的功课，这样一个天才型的人物，很可能会被压制得面目全非，或者因为叛逆被赶出学校。可是，当我的宝贝女儿也出现学习的不适应症时，我竟然没有觉察，没有及时伸出援手。

德亭送我的卡片，她说每天都比从前更爱我

发掘孩子身上的宝藏

多年的学校教育，甚至是我们的家庭教育，一直都在要求德亭"更正她的弱点"，她做不到，但因为大家都这么做，所以她觉得自己也"应该"这么做。这种内外的冲突造成很多痛苦，她自己说不清楚，我们也一直没有觉察。

我从小就善于学习，这个"天大"的优点，掩饰了我所有的缺点；我的胡闹、捣蛋，被解读成"脑筋好"、"有创意"。假如我功课很烂，如果捣蛋就会惹麻烦，让我的日子不好过。而我的功课好，也未必说明我比别人聪明，只是我的学习模式、思考模式，与知识学习的模式刚好吻合。

我们的世界习惯给人贴标签、分等级，聪明、愚笨、富有、贫穷、好、坏等等二元对立的价值判断，把我们的心撕开了。如果我们都带着这样一把尺子，我们就看不到事物的整体面貌，看不到存在于每个人身上的宝藏。

幸好我得了癌症，多出这么多时间可以放慢脚步，终于可以极其有耐心也极其细心地倾听她到底在想些什么、烦些什么。如果不是这场大病，恐怕我也看不到德亭身上的宝藏。

正是这些日子的陪伴，才让我一点一点慢慢看清楚她隐藏在外显行为之下的珍贵特质。原来她是一个极富创造力的孩子！无法忍受刻板、制式的生活和学习，总喜欢挑战未知事物，想把内心深处细微的情感表达出来，与人分享。

比如她瞒着我们，忍着疼痛，也冒着风险，用缝衣针蘸圆珠笔墨水在自己的手上刺青（多危险啊！），她最先刺的是"try"。我问她为什么刺这个单词？她说过去成绩不佳，因此自信不足。希望让这个刺青，随时提醒自己，试着多努力点。

陪女儿背单词

在追求事业巅峰时，我不仅失去了健康，也错过了孩子最需要我的时刻。痛定思痛，我决心要尽力弥补。我给德亭写了一封信，告诉她我们非常爱她，也相信她在艺术方面的天分，请她接受我的协助，我想陪她温习功课。我们对她的成绩和大学申请没有特别的期望，尽力就好。

德亭很快就给我回信了，她说："亲爱的爸爸！我也很爱你们！如果你可以陪我温习功课，那就太棒了。只是我必须让你知道，我爱读书，但讨厌考试，你可以帮我克服这个问题吗？"

于是，我跟她一起制定课程表，陪她做功课，帮她找方法背单词。我发现她无法单调死板地进行记忆式学习，所以我们一起把单词编成故事，或者上网搜一些别人编好的故事。例如：

Languid（懒洋洋）- Lan = 懒，guid = squid = 想象有一只懒惰的鱿鱼，一伸懒腰就八爪飞舞的样子，真是个懒squid。

Magnanimous（宽宏大量）- Magna = Magnet（磁铁），Nimous = Mouse（老鼠）= 想象老鼠偷吃东西，却吃掉了磁铁，被吸到冰箱上。但是我们作为主人，应该宽宏大量，不生它的气，原谅它，把磁铁从它肚子里取出来。

我们花了整整九个月，我给她抄的上千张单词卡，她终于大部分都学会了。她的单词水平一下子就提高了，顺利通过了SAT考试，准备申请大学。

学校里的功课，只要她需要帮助，我就陪读。无论是《咆哮山庄》、《论语》，还是林肯的盖茨堡演讲，我都帮她理顺思路，确保她深度理解。这样一来，她的学习成绩也取得了飞速的进步。

有一天，我收到她发给我的短信。她说："亲爱的爸爸，全台湾大概没有第二个爸爸会陪女儿背单词，谢谢你愿意陪我。"我从心底里发出微笑。我想，人生祸福真难料，如果不是这场病，我很可能还陷在忙碌中，错过一个才华横溢、心思敏锐的摄影家。

走自己的路

德亭很早就喜欢摄影，在她五岁的时候，她得到了人生中的第一台照相机，也开始陆陆续续帮姐姐设计的衣服拍照。我一直担心她喜欢摄影是为了逃避功课，为了申请大学，我跟她反复讨论过多次。

我提醒她："你必须想清楚哦！专业摄影师很快就会被淘汰，现在摄影器材越来越方便，大家都可以轻易拍出好照片，你完全没有优势。"我发表过题为"什么工作不会被机器取代？"的文章，记者、摄影师这些行业会逐渐没落，她怎么就偏偏往这里跳？

"我很清楚。我做过调查了，目前在美国，一个专业摄影师的薪水比记者还要低，而记者的薪水与其他行业相比也越来越低了。可是爸爸，我愿意赚比较少的钱，做自己真正想做的事。"看来，她确实认真想过这个问题，而且早已下定决心。

"爸爸，你知道吗？我每次背着沉甸甸的相机出去拍照，回来的时候虽然筋疲力尽，可是我却心花怒放。因为专业相机的科技水平越来越高，一般手机还是无法取代。我非常庆幸能活在高科技时代，可以轻松拥有低成本、大容量的数字摄影存储设备，还有无处不在的网络，这些让我像个装备齐全的猎人一样，可以捕捉我所有的感动，然后用心将图像提炼出来。

我知道未来的摄影师绝对不只是按下快门，而是要用新的眼光，让影像产生新的意义。而那绝对不是科技可以取代的！"

过去忙于工作，错过了女儿的成长，我要用我的余生来弥补。摄于德亭高中毕业典礼

德亭的小小摄影作品展，吸引了很多人前来参观

　　她居然可以就此侃侃而谈，而且讲得神采飞扬，充满自信！我知道，我像很多父母一样，永远把孩子视为孩子，我们不知道他们其实早已长大成熟，有了自己的观点，甚至有时我们都可从她身上学到东西。

　　"等你大学毕业，我们就不养你了，你确信自己可以自食其力吗？"人生的选择一点都不浪漫，没有通盘考虑，往往会把"兴趣"当作逃避的借口，而且连自己都搞不清楚。怎么可能现在就能确认自己的人生志趣？我真的不放心。

　　"所以我会一边学习，一边想办法靠摄影赚钱。我会勇敢接受现实的磨炼。"也对，我突然想起她确实很早就开始做准备了。除了同学和亲人之外，我鼓励她再多动动脑筋，拓展人脉和事业的版图，她果然开始认真构思怎样慢慢建立"客户群"。她设计了自己的名片，也用免费摄影让更多人认识她。我们去台东旅行时，她就用这个方法得到一笔生意。

　　2014 年秋天，她在我一位朋友的诊所大厅开了小小的摄影展。她花了很多时间挑照片、拟标题，再请我们提供意见。在整个过程中，我看到她的做事方法和态度，也看到她对摄影的热情与才华。我真的以她为荣！更让我欣慰的是，当得知有地方愿意展出她的作品时，她当然很兴奋，可是她也郑重地告诉我："爸爸！人家是不是看你的面子才愿意让我展览？如果是这样，我宁可不要！"

找回自信

　　对于申请大学这件事，她还是没有信心。我一直鼓励她试试设有艺术学院的综合大学，这样才能得到较好的多元化教育，不会只是进入了一个"就业培训班"。"话说在前头，申请可以，不过我可不去。"她说。于是，她申请了八所艺术学院和纽约大学，只有后者是综合大学里面的艺术学院。

　　四月中的某一天，她的房间突然传来一阵大叫，我和先铃匆匆赶过去。

德亭接到了纽约大学的录取通知
图片来源：纪录片《向死而生》

　　"纽约大学录取我了，"她兴奋地跳起来。我们确实也很惊讶，因为她的成绩和SAT都还不够。她说："四百个人申请摄影系，只有三十多人被录取。我要去！"我问她："你不是说申请了也不去吗？"她这才不好意思地说："我以为不可能被录取的，不想到时候让大家失望。"

　　就在不久后，我发现，她将手上刺的"try"悄悄换成"Stay gold"（永葆光辉），这出自诗人罗伯特·弗罗斯特（Robert Frost）著名的一首诗《*Nothing Gold Can Stay*》（美景易逝）。我想她已经渐渐走出藏身的洞穴，坦然面对自己独特的价值，她已经找回自信了！

　　看到她的新刺青，我感动地抱着她说："我爱你！"

　　"有多爱？"她问。

　　我不假思索地告诉她："每天永远更爱你一点。More than yesterday, but less than tomorrow."

　　她眼睛转了转，笑了。

　　2013年12月4日，我在微博发出一条帖子："买靓衫，救癌症儿童——开复益起来"，宣告活动开始，承诺义卖筹得的款项将在2014年1月15日前全额捐赠给圣犹达儿童研究医院，用于他们在中国的项目。

　　这其实是我们全家一起动脑筋做出来的为癌症病童募款企划案，但最早的发起人就是德亭。她想为我做一件事，希望可以帮助更多人。当她读

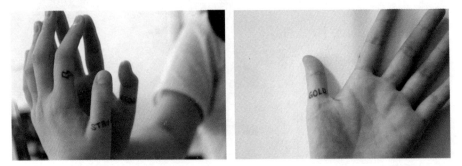

女儿的新刺青"Stay gold"，也代表着她终于能够坦然面对自己独特的价值

到儿童白血病的相关资料时，便说想"往这个方向努力试试"。于是，我让她上网搜索更完整的信息，并展开联系工作。德亭首先从她的摄影作品中选了三种T恤设计，代表了对我大病初愈最诚挚的祝福。而姐姐德宁学的就是服装设计，从设计T恤、打版、剪裁，到量化生产，她熟悉整个流程。当然，最后要通过互联网把消息散播出去，而我在微博的五千多万粉丝，就是最好的传播人。

帖子发出后立即得到热烈的回响，除了几位知名演艺人员具名支持，好朋友潘石屹、徐小平也鼎力相助。虽然历时仅仅一周，但最终卖出衣服6 787件，共筹得善款1 147 003元人民币。

这个成功经验固然是因为有了我的帮助，令人欣慰的是，两个女儿一点也不想在自己的前途发展上当"靠爸族"。先铃好几次问她们："好多人想尽办法要你们的爸爸帮忙，怎么你们自己反而不用这个关系？"

她俩异口同声地说："因为我们走的路跟爸爸不一样！"

07

设计我的家

生病之后，考虑几个就医地点，最后决定留在台湾，一方面是台湾的医疗水平没得说；另一方面是，姐姐都在台湾，必要时她们都是我最重要的后盾。刚回台湾那段时间，我暂时跟母亲住在一起，二姐就住在附近，方便互相照顾。后来我被确诊是滤泡性淋巴癌第四期，需要在台湾好好治疗，加上德亭转学到台北的美国学校，我们才算又团圆了。

从租房子开始，先铃就动了念头，想在台北买房，准备退休后在此长居养老。我想了想，也同意了。我常想，如果当初没有选择计算机，也许我终究会发现，我对室内设计和建筑不只是有兴趣，而且还颇有点儿天赋。特别是病中什么都做不了的时候，正好能让我专心致志地构建理想中的家。

我一直觉得，一件事情如果可以让你浑然忘我、乐此不疲，这件事肯定是你的最爱，而且能够把你所有的潜能都激发出来。在我离开卡内基·梅隆大学，加入苹果的工作团队时，我和先铃就曾亲手打造我们的家。

那是一栋很大的平房，坐落在林木茂密的山坡上，当时价钱很便宜，却花费了我们全部的积蓄。我和先铃为了装修房子，不得不暂住在旧马棚改成的临时房。我在工作之余，每天埋头设计新居，废寝忘食，开心极了。为了省钱，我们到处去找便宜的建材。后来找到一批质量很好的大理石地砖，价格非常便宜。考虑再三，终于买了下来。我还记得，大冷天我们还自己搬运，车里和后备厢的每个缝隙都塞得满满的，结果因为负荷过重，车前轮被压得翘起来，调整了几次，才胆战心惊地慢慢开回家。

当我们把一千多块大理石地砖堆在乱成一团的客厅地板上，我跟工头说："这些大理石砖的每一条纹路都要能够衔接起来，麻烦你多费心！"

"啊！这怎么可能！这些地砖本来就不是完整的一套，就算花一年时间也没办法把纹路接起来。我不可能让我的工人花时间做这种蠢事！"工头是个中南美洲来的移民，个性爽朗，做事也十分利落，一听到我的要求，两手一摊，准备走人。

怎么办呢？我和先铃面面相觑，差点没哭出来。还是先铃厉害！她说："我们自己来！"

一千块大理石的一部分

说到这儿，我不得不佩服先铃！没事的时候，她就是一个处处依赖我的弱女子，加上超级糊涂，方向感又奇差，连出个门都让我提心吊胆。可是，就有好几次，每当情势一团混乱，我也茫然失措，不知道下一步该怎么走才好时，她却能够风雨不惊地安慰我说："相信我！没事！"

于是，我们就开始每天趴

在地上，像拼图似的按纹路把它们一块一块接起来。忙了几天几夜，每每累得眼冒金星、腰都直不起来，干脆就瘫在地板上直接睡过去，醒来再继续……等到终于拼完最后一块砖，我打电话给那位工头，请他派人过来将水泥铺上去。他一进门，眼睛瞪得比铜铃还大："我的天哪！你们是怎么办到的？"

一千多块大理石砖，各自带着或深或浅的纹路，像含情脉脉的流水，也像淡淡的风静静地蜿蜒流淌，又互相回旋缠绕，从客厅绕到起居室，再从起居室荡向厨房……

落脚双溪岸

治疗后期，体力各方面的状况都还不错，原本想及早重返工作，但同事们体谅我，为了让我彻底休息，也不派给我太多工作，让我有充裕的时间，专心沉浸在设计房子的游戏当中。也希望用我的设计经验，帮爱我的家人筑一个有爱的家。

台北居，大不易，寻寻觅觅，在几位姐姐全力协助之下，我们前后看了不下六七十栋房子，最后终于选中外双溪的一处住所。新居不仅将是我和先铃长居养老之处，更是我在病中省思，为了回报我深爱家人的一次感恩行动。而一点一点构思、设计，慢慢打造自己理想的居所，也完全吸引了我的热情和专注力，癌症治疗后期的身体不适，就显得无足轻重了。

我们这栋房子坐落在外双溪岸，背倚一片茂密的树林，对面还有一片苍翠的青山，坐在客厅里，就可以听到溪水潺潺。为了将美丽的山景延揽进屋，我特地申请执照，打掉一面墙，将大片玻璃窗打造成一个超大的画框，让白云青山、朝晖夕阴，日日在我窗前作画。

我虽然不断预测纸制书即将消亡，但还是不可救药地钟爱纸制书。在美国，图书馆一直是我最喜欢的地方之一，尤其对那种挑高书柜、满屋子藏书，还有可以滑动的梯子……特别有感觉。幸运的是，新房子也有一间挑高的书房，我就设计了四面与墙等高的书架，可以放下我所有的藏书。环视这些陪着我长大的书，它们几乎就代表了我一生成长变化的轨迹。

这个书房同时也具备了休闲娱乐的功能。我的姐姐们爱唱歌，书房安装的KTV设备可以在每周举行大型家庭聚会时派上用场，让妈妈和姐姐们尽情欢唱。

我的房间要有熊

在设计房子的时候，女儿的房间花了我们最多的心思，主要是因为两个女儿都大了，加上德宁、德亭也都有自己的想法，因此两间女儿房的设计，就得将现在、未来的需求都考虑进去。难度之高，空前绝后。我一向是越有难度、兴致越高，只是我们的设计师就累惨了。跟设计师往来讨论的信件不知凡几。

最初，我们把女儿的房间设计成城堡般的梦幻公主房，还特地去找了一套精雕细琢的公主式家具，雕工精美，我们都非常喜欢。德宁却说："你们从小把我打扮成公主，可是我从来都不想当公主。"

"那你要什么？"

"我的房间里想要放一只超大的熊！"

"可是，你都已经二十几岁了，还要一只熊！难道你的房间要设计成可爱的儿童房吗？"我心里想着"小熊维尼"该怎么跟欧洲公主风结合在一起。其实大女儿从小就特别喜欢熊，她的房间里面都是各种熊。她把创新工场的塑料标识雕成了一只熊送给我。

"不，我要日本风。"

"日本风怎么能跟熊搭在一起呢？"我一边哀求。

"我不知道，反正这两样东西我都要，请立琬姐姐帮我想一想。"我们的设计师杨立琬是外甥开翔声的妻子，德宁把球丢给她，这下该她头大了！

小女儿德亭也没让我轻松多少。她说："我也不要公主风，我从小最恨的就是当公主。从小就把我们当作小公主。公主似的房间，公主似的衣服，还说哪天要在后院盖个城堡！谁说这是我们想要的啊？"我心里一阵委屈，枉我费尽心思把她们装扮成公主，原来她们都不爱！

德亭说："我想要一张可以爬到上面睡觉的双人床。床要放在很高的地方，我在床上可以从高处看到房间每一个角落。"

"可是把一张双人床架得高高的，很有压迫感哦！而且其他部分很难搭配。"这是立琬给出的专业意见。

"睡在高高的床上，比较有私密感。就好像躲在城堡里，我可以看到别人，别人看不到我。"德亭非常坚持。

"你都十八岁了，还要玩躲猫猫啊？"我赶紧帮腔。

"可是你们从来都没有给我一个可以躲起来的地方！"我从来没有意识到，"躲猫猫"这件事，对于一个孩子在社会化的过程当中有多么重要！她一方面要保有自我，另一方面又要走向社会化。当两者发生冲突，或者转换不过来时，孩子们就需要躲起来。我也是最近有较多时间跟德亭相处，才知道她一直梦想要有一个洞穴之类的地方可以"躲"起来；只有自己，不用管别人怎么想、怎么看。尤其是当她发现她的想法跟别人很不相同，而她又不想放弃自己、迁就别人时，干脆就找个地方把自己藏起来。

为了满足两个大女孩儿的各种奇思妙想，立琬将设计图改了又改，每天的邮件往来几乎没断过。好不容易女儿想要的元素全都齐了。德亭又说了："兰迪教授在最后一次演讲中提到，他最感谢父母从小容许他在墙上写字。所以，我的房间里还要有一面可以写字的墙。"

"写字？要你写在纸上的功课你都不肯做了，还写在墙上？"我忍不住翻旧账，这真的很不好！可是做父母的也常常积习难改。

"我想把喜欢的名言佳句刺在身上，你们不让！所以我想把那些字全都写在墙上。"

我的最后要求是："要用有设计感的字体，不能破坏房间的美感！"哎，我又忍不住唠叨。总之，为孩子设计房间，在一来一往的讨论之间，我才深深体会到时间的可怕！明明昨天还是我的小baby，一眨眼，她们都长大了。不管将来你们会迎向怎样的未来，家永远是你们最可靠的堡垒。

送你一个爱的厨房

家是女人的城堡，对先铃尤其如此。她不爱出门逛街买名牌，也没有一群可以喝咖啡、聊是非的姐妹淘，因此她每天在家务上面花的时间，把她的休闲、娱乐时间都一起搭进去了。我常跟两个女儿说："每一个人都在表达'爱的语言'，妈妈表达爱的语言，就是做一桌子好菜给大家吃。"德宁回家度假一个月，先铃迎接孩子回家的盛大作风，就是花了几天几夜挖空心思把孩子爱吃的菜一样一样都做出来。

先铃又是很实际、很节俭的人，随着我们经济条件渐渐好转，我会找机会送一些浪漫的礼物给她，珠宝啦、名牌衣饰等等。可是她开心之余，总不忘说："下次别买这么贵的东西！"于是趁着设计新家，我特地和设计师沟通，要打破常规设计思维。我们家最舒适、最宽敞，采光、通风、视野最棒的位置不做客厅，而是做成一个超级豪华大厨房。我希望用最好、最贴心的设计，做一个完美厨房，让先铃每天都能很开心。就像我当年在论文致谢辞上所写的，我要用一辈子来努力回报妻子的爱与付出。

人们总说："炉灶不热，家道不旺。"厨房的功能既然这么重要，可是很多房子却很少能够给厨房留出充足的空间。也许现在大家都不下厨了，厨房只是聊备一格的摆设，而我们家的炉灶可一天到晚都是热的！无论如何，就算上天入地吧，我都要设法给先铃弄来最好、最完善的厨房设备。先铃厨艺了得，不同的菜式需要不同的炉具，这都是有讲究的，每一个都

我要为先铃打造一个"爱的厨房"。先铃爱干净，流理台跟水槽的动线、款式设计，不但要方便使用，还要容易清理。这些是我在网络上搜到的款式照片

得装上才行！我花了许多功夫钻研，比较各家产品的规格，最后找到一个火力特别大（22 000BTU）的嵌入式炉灶，能够大火炒中国菜。做了这么大火力的炉子，然后再搭配一个大功率的油烟机，不然家里一做菜满屋都是油烟味。

　　再来，顾虑到先铃怕脏、爱干净，流理台跟水槽的动线、款式设计，该怎么让她工作起来顺手，而且能够轻松保持厨房的干净、干燥？我找了又找，终于找到一款合意的设计，砧板可以在水槽上任意滑动，食材在砧板上处理好，就可以直接丢进水槽清洗；再随手将厨余扫到水槽下，用电动铁胃打碎，水一冲就干干净净。

　　她习惯每天烧两大锅开水，就因为担心自来水不够干净，也不信任重复加热的电热水瓶，所以她要先把自来水过滤一遍再烧开；不论泡咖啡、煲汤，还是每天饮用，所有用水都得先处理才放心。她瘦瘦小小的，得费好大的力气才能把一锅滚烫的水从燃气灶上搬下来，即使我们都在，她也不肯喊人帮忙。加上我们慢慢都有些上了年纪，我的担心最后就变成噩梦，好几次梦见她被一大锅热水烫伤。

后来，我真的在网络上找到台湾的一款产品，跟我理想中的瞬间加热系统完全吻合。只要自来水龙头一开，生水进入过滤系统后，再注入一个水缸里备用；需要热水时，只需按一下按钮，就可以随时将水吸到瞬间加热壶，也不存在反复加热的问题。

而且，煲汤的大锅抬上抬下不但费力，而且危险。我跟设计师左思右想，最后决定在流理台上挖一个洞，再摆上一口不必移动的锅；能够360度旋转的热水龙头可以直接把水注入锅里，不论下饺子、煮面，还是煲汤都在这里。吃剩的食物残渣或洗锅水，只要打开锅底的水阀，连接在下面的厨余处理机就可以把脏东西绞碎冲入下水道。

厨房里的细节多如牛毛，我一件一件打理、上网到全世界去搜寻适当的产品，然后订购、联系货柜装运、寄送，必要时才问问先铃的意见。古人说："治大国若烹小鲜。"英国前首相撒切尔夫人也说过："一个主妇掌管全家饮食的工作，绝不比一国首相处理国家大事轻松。"忙过这一回，我才算是真正体会到了。

不过比起我们携手共度的三十几个寒暑晨昏、比起她永无止境的付出、比起我所拥有的幸福……我所做的或许还很有限，但大病之后，这是我对家人最真诚的"爱的语言"，新居的每个细节都藏着我对他们的爱，我真实地明白家的意义，也相信未来的人生里，家人会是支持我、鼓舞我向前的力量，而我将更加珍惜他们给我的一切，这是人生至高的幸福。

先铃表达爱的语言，就是做一桌子好菜给大家吃

　　中国有句古语："祸福相倚"，西方也有"blessing in disguise"（伪装的祝福）的俗谚，从得知罹癌到康复（虽然仍有复发风险）的这段历程，让我特别感受到人生的吊诡，表面是福不一定是福，表面是祸也不绝对是祸，就像太极图中，黑与白总是共存，就看我们能否有智慧去看穿其中的奥妙。

　　不久前，脸谱网的首席运营官谢丽尔·桑德博格的丈夫戴夫·戈德堡意外猝逝，经历着丧夫的悲痛，桑德博格在一篇悼念亡夫的文章中真切地说："我学会了感激。对那些我从前习以为常的东西怀有真正的感激——比如生命。虽然我如此心碎，但是每天看到我的孩子们，我都会为他们拥有生命而感到欣喜；我感激他们的每一个微笑和每一次拥抱；我不再对每一天习以为常。一个朋友告诉我他讨厌生日，所以不准备庆祝，我含着眼泪对他说：'好好庆祝生日吧，每一次过生日都是幸运的事。'"桑德博格的这番话，让我特别有感触。

　　癌症惠赐的死亡学分教会我懂得感激，"不再对每一天习以为常"，或是视为理所当然！而因为出于真心的感激，我更懂得珍惜与我相遇的人，珍惜友情，尤其珍惜家人无私的爱。与死亡擦肩而过，让我明白那些习以为常的情谊，往往是生命的空气和水，看似平常却无比重要，我再也不会轻忽。

我更懂得生命的可贵，身体健康的重要。名利的追求无止境，我会更懂得分辨什么才是真正对人类有价值、有意义的成就或贡献，而不会把生命浪费在物质的、虚荣的陷阱里。

2015 年 5 月，我很荣幸地得到母校卡内基·梅隆大学颁赠荣誉博士学位，并且获邀在计算机科学学院的毕业典礼上，对毕业生致辞。我特别提醒学弟学妹们："你们有责任做出明智的选择。在技术的选择上，要致力于能把世界变得更美好的技术，而不能仅仅局限于先进或很酷。在工作的选择上，要选择能拯救生命的工作，而不是破坏生命的工作；要选择强化人类的工作，而不是取代人类的工作。选择老板时，要选择有大爱之人，而不是贪婪小人；要选择想帮助世界的善人，而不是想征服世界的戾气之人。"希望大家能够思考：我们是否凭着良心做每件事？如果每个人都这么做，世界是否会更好？

图片来源：纪录片《向死而生》

图片来源：纪录片《向死而生》

　　同时，我也奉劝学弟学妹们，要做有意义的事情，不要虚度一生："'能力越大，责任越大'，你们有责任把时间花在那些真正困难的问题上。而不要把时间浪费在机器未来能做的事情上，也不要把才华浪费在重复学校所学的基础知识上，更不要接受一份没有挑战的工作。勇于冒险，孜孜以求，以'成为某个特殊又有用领域的顶尖人才'为目标、为己任。"

　　这两段话其实就是我当年的初心，在修完我的死亡学分以后，我更以此为职志，乐此不疲。未来我但愿秉此心念，继续以创新工场为基地，协助勇于冒险、想让世界更新更好的创业青年，成功发展他们的志向。同时，除了在工作中协助创业青年之外，我也会用自己闲暇的时间，结识和帮助更多的有缘人（无论在网上或是面对面），并秉持平等博爱的心态，尽我所能，分享我的经历，成为他们的益友。

　　年过五旬，历经这场劫难，我深感这是上天给我的祝福，我会带着警醒的心，开始我的第二段人生，更踏实自在地活出自己！也祝福所有读者，能够追随己心，感恩一切，幸福生活。